800 Jahre Dom zu Lübeck
Ausg.: 14. 9. 1973
Mi.Nr.: 779

75 Jahre
Nord-Ostsee-Kanal
Ausg.:18. 6. 1970
Mi.Nr.: 628

150. Todestag C.M..v.Weber,
*18. 11. 186 in Eutin
Ausg.: 13. 5. 1976
Mi.Nr.: 894

Europamarke 1981
Friesentracht
Ausg.: 7. 5. 1981
Mi.Nr.: 1097

Literaturnobel-preisträger
Thomas Mann
Ausg.:16. 2. 1978
Mi.Nr.: :961

Eulenspiegel
gest.1350, Mölln
Ausg.: 13. 1. 1977
Mi.Nr.: 922

Segelweltmeisterschaft
in Kiel 1987
Ausg.: 12. 2. 1987
Mi.Nr.:1310

Schloss
Glücksburg
Ausg.: 14 .4.
1977
Mi.Nr.: 913

Schloss
Ahrensburg
Ausg.:15. 7.
1982
Mi.Nr.: 1142

100 Jahre
Kieler Woche
Mi.Nr.: 1132

Eröffnung des Schleswig-
Holsteinischen Canals 1784
Ausg.: 21. 8. 1984
Mi.Nr.: 1223

Postgeschichte Schleswig-Holsteins

Von Wilhelm Sager

Verlag Boyens & Co.

KLEINE SCHLESWIG-HOLSTEIN-BÜCHER · BAND 52

Herausgegeben von den
Provinzial-Versicherungen, Kiel

Wissenschaftlicher Betreuer: Prof. Dr. Dieter Lohmeier

ISBN 3-8042-1087-2

Druck: Boyens Offset, Heide
Printed in Germany

INHALT

tete und dafür die Grafschaften Oldenburg und Delmenhorst erhielt (die er sogleich an seine Verwandten in Eutin weitergab). Seitdem gehörten die beiden Herzogtümer Schleswig und Holstein wieder ganz zu Dänemark.

Im südöstlichen Holstein lagen neben der Freien und Hansestadt Lübeck damals noch das Fürstbistum Lübeck, das schon seit dem Mittelalter nicht mehr zur Grafschaft bzw. zum Herzogtum Holstein gehörte, und das selbständige Herzogtum Lauenburg, das seit 1689 zu Braunschweig-Lüneburg und seit 1705 zum Kurfürstentum Hannover gehörte.

Während der französischen Besetzung (1803–1813), wurde Lauenburg wie die neutrale Reichsstadt Lübeck auch, als „Departement der Elbmündungen" in den französischen Staat inkorporiert. 1815 fiel es an Preußen und wurde mit Dänemark gegen das ehemalige Schwedisch-Vorpommern eingetauscht. Ein halbes Jahrhundert später, 1865, nach dem Vertrag von Gastein, kam das Herzogtum an Preußen, und 1876 schließlich wurde es zum Landkreis im preußischen Staat.

Die beiden Herzogtümer, Schleswig und Holstein, wurden nach dem Zusammenbruch der Erhebung von 1848 und der einjährigen Besetzung durch Österreich und Preußen 1852 nochmals für ein paar Jahre der dänischen Autorität unterstellt, bevor sie 1864, im Frieden von Wien, von Dänemark an Preußen und Österreich gemeinsam abgetreten und, nach einer Übergangszeit der Teilung zwischen Preußen und Österreich, 1867 in den preußischen Staat eingegliedert, und 1871 Teil des deutschen Reichs wurden.

Von da an wird die Sache wieder einfacher, da wir es nur noch mit der preußischen Provinz Schleswig-Holstein und später dann ab 1949 mit dem Bundesland Schleswig-Holstein zu tun haben.

Betrachtet man vor diesem Hintergrund die Geschichte der Post in Schleswig-Holstein, kann man zwar die Zeit bis zum Beginn des 17. Jahrhunderts weitgehend ausschließen, weil es bis dahin noch kein Postwesen im eigentlichen Sinne gab, sondern nur Botendienste. Aber auch dann ist das Ganze noch verworren genug, denn im 17. Jahrhundert bestanden auf dem Boden Schleswig-Holsteins nebeneinander die königlich dänische Post, ein herzoglich gottorfisches Postwesen, eine herzoglich plönische Post, eine fürstbischöflich eutinsche Post und das Botenwesen der Hansestädte Lübeck und Hamburg. Nur das Herzogtum Lauenburg hatte kein eigenes Postwesen, sondern begnügte sich mit den fremden Postkursen, die auf dem Wege nach Hamburg und zwischen Hamburg und Lübeck sein Gebiet berührten.

Damit nicht genug. In den einzelnen Gebieten mussten neben der eigenen in der Regel auch fremde Postanstalten geduldet werden. So musste Lübeck es im Laufe der Zeit hinnehmen, dass in seinen Mauern auch ein Thurn- und Taxissches, ein hannoversch/großbritannisches oder auch ein dänisches Postamt existierte, und als für ein paar Jahre das französische Kaiserreich bei Travemünde bis an die Ostsee reichte, auch ein französisches Postamt.

Politische Einteilung
in der 2. Hälfte des 17. Jahrh.
Maßstab 1:2000000
Königl. Anteil
Herzogl. "
Gemeins. "
Sonderburg
Pinneberg
Hansestädte
Rantzau
Geistl. Besitz
Ochsenwege
Reichsgrenze
Kgr. Dänemark

Abb. 1

Abb. 3: Postillione der Hamburger und Lübecker Communionpost

Die Handelsbeziehungen zwischen den beiden Hansestädten Hamburg und Lübeck machten naturgemäß einen regen Frachtverkehr nötig, den man auch dazu nutzte, den Fuhrleuten Briefe mitzugeben. Nur scheint das System nicht sehr zuverlässig gewesen zu sein, denn die Hamburger Börsenältesten richteten im Winter 1616/17 wieder einen täglichen Botendienst zwischen den beiden Städten ein. Die Schonenfahrer sahen diese Konkurrenz nur ungern und beantragten, die Botengänge abwechselnd von Hamburger und Lübecker Boten durchführen zu lassen, worauf man sich nach anfänglichem Zögern 1625 auch einigte. Mit der ersten Botenordnung vom 1. Mai 1625 wurde das Botenwesen effektiver und schneller. Die Briefe wurden durch den Botenmeister eingesammelt, und die Boten verließen am Abend Lübeck, um am nächsten Morgen in Hamburg anzukommen. Dieser Botenkurs brachte auch dann noch Gewinn, als die Dänische Post von 1776 an einen eigenen Postkurs von Hamburg nach Lübeck eingerichtet hatte. Die Konkurrenz, die dadurch entstand, mussten die Lübecker im Sinne guter Beziehungen zu Dänemark hinnehmen.

Die dänische Post und die Herzogtümer

1. Die Verordnungen Christians IV. von 1624 und Christians V. von 1694

Der dänische König Christian IV. nahm sich der bis dahin auf privater Initiative beruhenden Post an. Am 24. Dezember des Jahres 1624 erließ er die Verordnung über das Postwesen in Dänemark (Abb. 4). Es lag nach Hamburger Vorbild zunächst in der Hand eines durch den Rat der Stadt Kopenhagen ernannten Ausschusses von vier Kaufleuten.

In erster Linie war diese neue Einrichtung für den Ausbau der Handelsbeziehungen zum Ausland gedacht. Es wurden insgesamt sieben Postkurse eingerichtet, von denen der wichtigste als einmal wöchentlich in beiden Richtungen verkehrende fahrende Brief- und Paketpost zwischen Kopenhagen und Hamburg betrieben wurde. Der Kurs verlief von Kopenhagen über Middelfart, Kolding, Hadersleben, Flensburg, Gottorf, Rendsburg, Itzehoe nach Hamburg, wo Dänemark einen eigenen Postmeister unterhielt. Im Sommer brauchte man für diese Strecke fünf, im Winter sieben Tage. Ein einfacher Brief von Kopenhagen nach Hadersleben und Flensburg kostete 6 Schillinge, nach Gottorf, Rendsburg, Itzehoe und Hamburg 8 Schillinge; Doppelbriefe waren um die Hälfte teurer.

Das neue Postwesen scheint aber nicht sehr gewinnbringend betrieben worden zu sein. Dies wollte ein junger Hamburger Kaufmann ändern. Paul Klingenberg, so der Name, machte dem dänischen König Friedrich III. das Angebot, das dänische Postwesen neu zu organisieren. Im Juli 1653 erhielt Klingenberg die Bestallung zum dänischen Generalpostmeister mit der Maßgabe, 30 Jahre die Post ausschließlich mit seinen Boten auf eigene Rechnung betreiben zu dürfen. Und da das Postwesen bisher nicht sehr lukrativ war, gab es schon damals Subventionen. Klingenberg wurden Steuererleichterungen gewährt. Ihm wurde dafür zur Auflage gemacht, die königlichen Briefe und die einiger Beamter kostenfrei zu besorgen, allerdings wurden ihm dafür jährlich 1000 Fass Hafer geliefert. Darüber hinaus musste er dulden, dass es Kaufleuten und andere Personen weiter gestattet war, private Boten für ihre persönlichen Briefe zu nutzten. Auch die „*Postschweden*", die es seit 1612 gab, waren von der neuen Regelung nicht betroffen. Neben den bestehenden Linien sollte Klingenberg landesweit Postverbindungen schaffen und dafür Sorge tragen, dass auf allen Poststationen ausreichend Wechsel-Pferde standen.

Unter Leitung Klingenbergs wurde das Postwesen im ganzen Lande auf einen für damalige Zeiten hohen Stand gebracht. So verkehrten zwischen Kopenhagen und Hamburg zweimal wöchentlich eine reitende und einmal

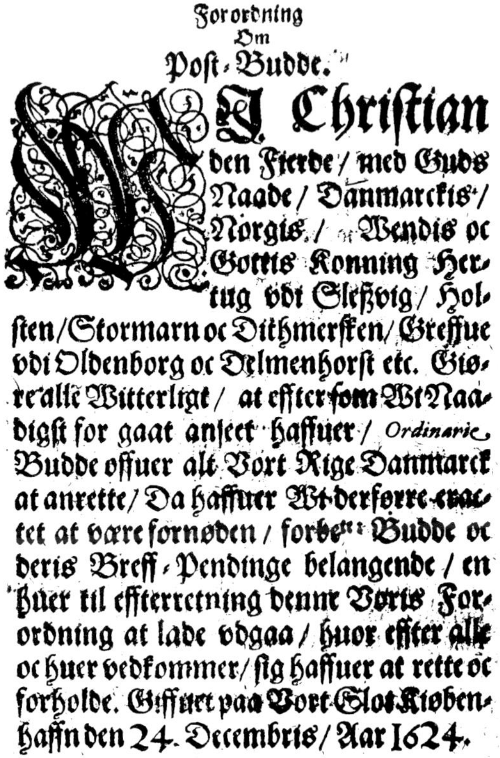

Forordning
Om
Post-Budde.

WJ Christian den Fierde / med Guds Naade / Danmarckis / Norgis / Wendis oc Gottis Konning / Hertug udi Slesvig / Holsten / Stormarn oc Dithmersken / Greffue udi Oldenborg oc Delmenhorst etc. Giøre alle Witterligt / at efftersom Wi Naadigst for gaat anseet haffuer / Ordinarie Budde offuer alt Vort Rige Danmarck at anrette / Da haffuer Wi derforre eractet at være fornøden / forbe.te Budde oc deris Breff-Pendinge belangende / en huer til efftterretning denne Vortis Forordning at lade udgaa / huor effter alle oc huer vedkommer / sig haffuer at rette oc forholde. Giffuet paa Vort Slot Kiøbenhaffn den 24. Decembris / Aar 1624.

Abb. 4: Botenordnung Christians IV. von 1624

wöchentlich eine fahrende Post, die auch Personen und Güter beförderte. Die nun Postreiter legten die Strecke in höchstens drei Tagen zurück. Dennoch wurde der Vertrag Klingenbergs nicht verlängert.

Die nun lukrativen Postpfründe weckten nämlich auch an höchster Stelle offensichtlich Begehrlichkeiten. Am 31. Mai 1685 musste Klingenberg das Postwesen gegen eine Entschädigung von 12 000 Reichstalern an den elfjährigen unehelichen Sohn Christians V., Christian Gyldenlöve, abtreten, dem bereits 1681 das norwegische Postwesen durch Christian V. übertragen worden war, das jetzt an den kleineren Bruder, Ulrich Christian, überging.

Unter Christian V. wurde am 25. 12. 1694 eine neue Postordnung erlassen, die ca. eineinhalb Jahrhunderte hindurch Gültigkeit behalten sollte. Besondere Erwähnung fand in dieser Ordnung die wohl bedeutsamste Postroute

Abb. 5: Boten der dänischen Post

3. wird wie sonsten gebräuchlich, von denen Passagieren nicht mehr alß 8 Schilling vor jede Meyle gegeben und denselben nur 30 Pfund mit sich zu führen erlaubet, so aber deren Kuffer und Felleysen schwerer, bezahlen sie vor jedes Pfund 8 Schilling.

[...]

7. Die Häuser, worin die Posten einkehren, müßten wohl von Einquartierungen und insonderheit von Wagenfuhren befreyet; hingegen selbige gehalten und verbunden seyn, auf gebrachte Paqueter und Briefe fleißige Aufsicht zu halten und deswegen gute Richtigkeit zu halten. Den Fuhrleuten muss ernstlich verboten werden, Brieffe und Paqueten anzunehmen; so sie aber ertappet würden, jedes Mahl 4 Rthlr. zu erlegen schuldig seyn, davon die eine Helffte dem Postmeister, die andere dem Angeber heimfällt

[...]

11. Sollte wohl der Accord auf 5 Jahre festgesetzet und keine Erhöhung während der Zeit gemachet werden und nach Ablauf solcher Zeit dem Postmeister oder deßen Erben frey stehen, dabey zu bleiben"

Der zuständige Prüfer im Kopenhagener Generalpostamt zeigte sich im Wesentlichen mit den von Heuss gemachten Vorschlägen einverstanden. Am 16. Juni 1714 wurde ein entsprechender Contract wegen der fahrenden Post unterzeichnet, und schon kurze Zeit später wurde der Verkehr aufgenommen.

Aus alten Unterlagen ist ersichtlich, dass folgende Postlinien durch die Heussche Post bedient wurden:

MONTAG:	*Morgen umb 6 Uhr eine fahrende Post von Flensburg über Schleswig, Rendsburg und Itzehoe nach Hamburg.* *Kommt alda an am Dienstag abends* *Item morgens umb 10 Uhr eine von Schleswig nach Friedrichstadt,* *kombt Dienstag am nachmittag zurück* *Item morgens umb 8 Uhr eine von Schleswig nach Husum und Tundern,* *kombt zurück am Dienstag Nachmittag*
DIENSTAG:	*Morgen umb 8 Uhr eine fahrende Post von Tönning und Friedrichstadt über Heyde, Meldorff und Itzehoe nach Hamburg,* *langet daselbst an, Mittwoch Nachmittag*
MITTWOCH:	*Morgen umb 8 Uhr eine fahrende Post von Hamburg über Itzehoe, Rendsburg und Schleswig nach Flensburg,* *kombt alda an am Donnerstag abends*
DONNERSTAG:	*Morgen umb 8 Uhr eine fahrende Post von Hamburg über Itzehoe, Meldorff und Heyde nach Friedrichstadt und Tönning,* *kombt an am Freytag Nachmittag.* *Item Morgends umb 8 Uhr eine von Schleswig über Eckernförde, Kiehl, Neumünster und Brambstede nach Hamburg,* *kombt alda an am Freytag Abend*
SONNABEND:	*Morgens umb 8 Uhr eine fahrende Post wieder zurück über Neumünster, Kiehl und Eckernförde nach Schleswig,* *langet alda an am Sontag Nachmittag*

1717 kam diese Post für die kommenden drei Jahre an Johann Wolff, den Sohn des früheren herzoglichen Postmeisters, bevor sie gegen Zahlung von 1000 Talern jährliche Abgabe am 30. Januar 1720 wieder an Heuss zurückging und bis zum Ende des Jahrhunderts im Besitz dieser Familie blieb.

Im Jahr der Rückübernahme durch Heuss wurde im Dezember 1720 eine neue Postordnung erlassen, zur *„Abschaffung von Mißbräuchen, wodurch die Reisenden beschweret und die Commercien gehemmt"* würden.

Dem Pächter wurde auferlegt, alle drei Meilen Wechselstationen für Pferde und Wagen vorzuhalten. Den Reisenden sollte ermöglicht werden, auf den Stationen Speisen und Getränke zu bekommen, und im Winter sollte ein geheiztes Zimmer zur Verfügung stehen. Wie schon früher räumte auch diese Ordnung den Postwagen uneingeschränktes Vorfahrtrecht ein. Wenn das Posthorn erklang, hatten andere Fahrzeuge auszuweichen, und die Tore und Schlagbäume waren zu öffnen. Die Konkurrenz durch die privaten Fuhrleute wurde insoweit eingeschränkt, als diese 6 Stunden vor und nach dem Abgang einer Post keine Reisenden annehmen durften.

Mit einer Verordnung des dänischen Königs Friedrich V. vom 28. Mai 1762 wurde das Fuhrwesen in den Herzogtümern erneut den veränderten Verhältnissen angepasst: Um den Reiseverkehr zu verbessern, wurden „ordentliche Extraposten" eingeführt, die neben der regelmäßigen Personenpost auf Verlangen fuhren und natürlich mehr kosteten. In dieser Verordnung, die in allen Posthäusern anzuschlagen war, heißt es u. a.:

„Wir Friedrich V. thun kund hiermit, dass Wir eine bessere Einrichtung des fahrenden Post- und Fuhrwesens in Unserm Herzogthum Schleswig, dem Herzogthum Holstein Unsers Antheils, der Grafschaft Ranzau, Herrschaft Pinneberg und Stadt Altona nöthig, und zu solchem Ende gut gefunden, in diesen Unsern Landen, zu mehrerer Bequemlichkeit des Publici und der Reisenden, wie in andern Reichen und Ländern, ordentliche Extraposten auf der Hauptroute von Hadersleben bis Altona einzuführen
[…]
§ 1
Der Postmeister ist allein an seinem Orte für die Beförderung befugt und schuldig,
[…]
§ 5
Der Postmeister hat mit Höflichkeit und Willfährigkeit zu begegnen, für saubere u. im Winter stets Tag und Nacht auch gewärmte Stuben zu sorgen, den Passagieren gegen billigmäßige Bezahlung Erfrischungen und Speisen zukommen zu lassen.
§ 6
In den Posthäusern des Nachts beständig auf den Dielen eine brennende Laterne zu haben.
[…]
§ 9
Der Postbediente muss über 18 Jahre alt sein und der Wege und des fahrens kundig. Der Postillion wird ohn Rücksicht auf eine Entschuldigung, wenn eine Post umgeworfen

worden, mit 1 Rthlr Strafe beleget, wenn er betrunken gewesen oder geschlafen, aber nach befinden des Generalpostamtes mit Gefängnis bey Wasser und Brod bestraft.
§ 10
Die Postillione sollen den Passagiers nicht grob und ungestüm sondern mit aller Bescheidenheit und Höflichkeit begegnen.
[...]
§ 17
Die Passagiers haben sich ebenfalls gebührend zu betragen.
§ 18
Der Postillion darf nicht thätlichen Behandlungen ausgesetzt werden.
[...]
§ 27
Wenn die Postillions sich durch das Posthorn zu erkennen geben, hat ein jeder ohen Unterschied des Standes auszuweichen."

Mit der am 16. November 1773 im Kieler Schloss erfolgten Übergabe der Gottorfer Landesteile in Holstein an den dänischen König war ganz Schleswig-Holstein Teil des dänischen Gesamtstaates. Die wichtigsten Angelegenheiten wurden nun von der zentralen Behörde, der „Deutschen Kanzlei", der späteren „Schleswig-Holstein-Lauenburgischen Kanzlei", in Kopenhagen verwaltet. Konsequenterweise wurde auch die Verwaltung des Postwesens von einer gemeinsamen Behörde, dem „Generalpostamt", seit 1809 „Generalpostdirektorium", wahrgenommen. Dieses war am 17. 10. 1711 geschaffen worden und zunächst außer für die Königreiche Dänemark und Norwegen auch für den königlichen Anteil an den Herzogtümern zuständig gewesen; nun unterstand ihm auch das gesamte Herzogtum Holstein. Sicher wäre eine eigene schleswig-holsteinische Post auch nicht sehr zweckmäßig gewesen, da es darauf ankam, alle Teile des Königreichs gleichermaßen zu verbinden. Es gab aber in der zentralen Postverwaltung bis 1848 besondere Sekretariate: das dänische, das norwegische und das schleswig-holsteinische, das 1816 in „Schleswig-Holstein-Lauenburgisches Sekretariat" umbenannt wurde.

3. Neuordnung des Fuhrwesens

Mitte des 18. Jahrhunderts nahm der Postverkehr, zu dem nun auch der Zeitungsversand gehörte, ständig zu. Reitposten konnten die anfallende Post nicht bewältigen und wurden vermehrt durch Fahrposten ersetzt. Ab 1785 wurde auf der Strecke Hamburg–Kopenhagen ein leichter zweirädriger Wagen, die Karriole, eingesetzt, die Platz für die Post und den Fahrer bot. Die Karriole bewährte sich aber nicht. Sie war nicht gefedert, und die Lederbriefbeutel, die vor dem Kutschersitz abgelegt wurden, wurden durch Wind und Regen spröde und schützten die Postsendungen dann nur noch ungenügend. Man versuchte die Wagen zu verbessern, aber ohne den gewünschten Erfolg.

Abb. 7: Dänisches Posthausschild aus der Zeit um 1800

Ab 1815 verwendete man sogenannte Kugelpostwagen (Abb. 9). Diese Konstruktion war „windschnittiger“, und im Winter konnte man die Kugel abnehmen und auf einen Schlitten montieren. Der wesentliche Vorteil dieser Konstruktion war aber wohl die Tatsache, dass es den Postillionen damit wesentlich erschwert wurde, unbefugt Personen beförderten. Aber trotz der auf der Kugel zusätzlich angebrachten Spitzen gelang es dennoch, *„blinde Passagiere“* zu befördern, indem man einfach Stroh obenauflegte. Diese Gefährte nutzte man noch bis zum Jahr 1842.

1798 kaufte die dänische Postverwaltung den ersten Eilpostwagen, eine Diligence, in den Vereinigten Staaten von Amerika, die zuerst auf der Strecke Kopenhagen–Helsingör eingesetzt wurde. Im darauf folgenden Jahr befuhr ein ähnlicher dänischer Nachbau die Strecke Kopenhagen–Korsör. Auch wenn dieser Wagentyp wegen seiner Bequemlichkeit und Schnelligkeit bei den Passagieren schon bald sehr beliebt war, dauerte es doch noch bis 1834, bis Diligencen die Straßen des Königreichs in größerer Stückzahl befuhren, bevor die letzte Diligence 1912 ihren Betrieb einstellte. Die Postkutscher trugen inzwischen auch Uniform, die ebenfalls die Grundfarben Rot und Gelb hatten: rote Jacke mit gelben Aufschlägen und blaue Hose, dazu einen Zylinderhut oder eine Kapuze mit Postschild. Bei Ankunft und Abfahrt der Post hatte der Postillion ebenso das Horn zu blasen wie in Hohlwegen oder an engen Kurven. Die Post hatte absolutes Vorfahrtrecht, und jeder musste ausweichen. Bei Zuwiderhandlungen wurden Geldstrafen fällig.

Ab 1819 wurde eine Dampfschifffahrtslinie zwischen Kiel und Kopenhagen mit der „Caledonia“ aufgenommen (Abb. 10), die zwischen April und September zunächst einmal wöchentlich verkehrte und Personen und Briefpost beförderte, während Frachtpost weiter mit Segelschiffen befördert wurde. Seit 1835 gab es dann eine zweimal wöchentlich verkehrende Post-

Abb. 8: Diligence um 1840

Abb. 9: Dänischer Kugelpostwagen bei der Ausfahrt in Kopenhagen

Abb. 10: Die „Caledonia“ vor der Seebadeanstalt Düsternbrook an der Kieler Förde

dampferverbindung zwischen Kiel und Korsör, die in Korsör Anschluss an die Personenposten nach Kopenhagen hatte.

Für Schleswig-Holstein ergaben sich wichtige Veränderungen in der Postbeförderung. Nachdem 1832 die erste gepflasterte Straße zwischen Kiel und Altona eröffnet und 1844 die erste Eisenbahnstrecke Kiel–Altona unter der Bezeichnung *„König Christian VIII. Ostseebahn"* für den Verkehr freigegeben worden war, wurden die Beförderungszeiten für Briefe, Zeitungen und Postgut, aber auch die Reisezeiten und Reisegewohnheiten der Reisenden entscheidend verändert.

Eine weitere Verbesserung in den Postverbindungen des Landes trat mit Eröffnung der Eisenbahnstrecken Rendsburg–Schleswig–Flensburg und Flensburg–Husum–Tönning 1854 ein. Nachdem die Eisenbahnlinie Kopenhagen–Korsör am 22. April 1856 eröffnet worden war, verkehrte jetzt täglich ein Dampfschiff zwischen Kiel und Korsör. Die Briefe, die am Nachmittag bis 17 Uhr in Altona eingeliefert worden waren, erreichten bereits am nächsten Morgen gegen 10.30 Uhr Kopenhagen.

Neben der Eisenbahn verkehrte seit 1842 täglich auch eine Diligence zwischen den beiden Hansestädten (Abb. 21). Diese „Communionpost" wurde gemeinsam von Hamburg und Lübeck sowie der Königlich Dänischen Post betrieben. Die Diligencen stellten ihren Dienst ein, als am 1. August 1865 die Hamburg-Lübecker Eisenbahn ihren Betrieb aufnahm.

Die herzoglich gottorfische Post (1682–1774)

Nachdem bisher im Gottorfer Staat nur Boten zu den größeren Städten eingesetzt worden waren, wurde unter Herzog Christian Albrecht am 13. März 1682 ein eigenes gottorfisches Postwesen begründet. Die Anfänge dieser Post waren wohl nicht von übermäßigem Erfolg gekrönt. Erster Postmeister wurde Johan Georg Breuer, dem 1692 der bisherige dänische Postmeister in Schleswig, Miles, folgte. Auf eigenen Rechnung wurde unter seiner Leitung eine reitende Post eingerichtet, die zweimal in der Woche von Gottorf über Eckernförde, Kiel, Neumünster und Bramstedt nach Hamburg abging. Eine weitere Linie verlief über Preetz, Plön und Eutin ebenfalls zweimal wöchentlich nach Lübeck. Aber auch Miles hat wohl die Erwartungen des Herzogs nicht erfüllt, so dass das Amt ab 1695 dem Geheimen Rat und Amtmann zu Tremsbüttel, Magnus von Wedderkop, übertragen wurde.

Er wurde ermächtigt, alle Posten, Boten, Postwagen und Briefträger in den gottorfischen Landen und Städten nach Belieben zu bestellen und einzurichten und alle Einnahmen für sich zu behalten. Zusätzlich zu den bereits bestehenden Postverbindungen wurden unter Wedderkop ab 1700

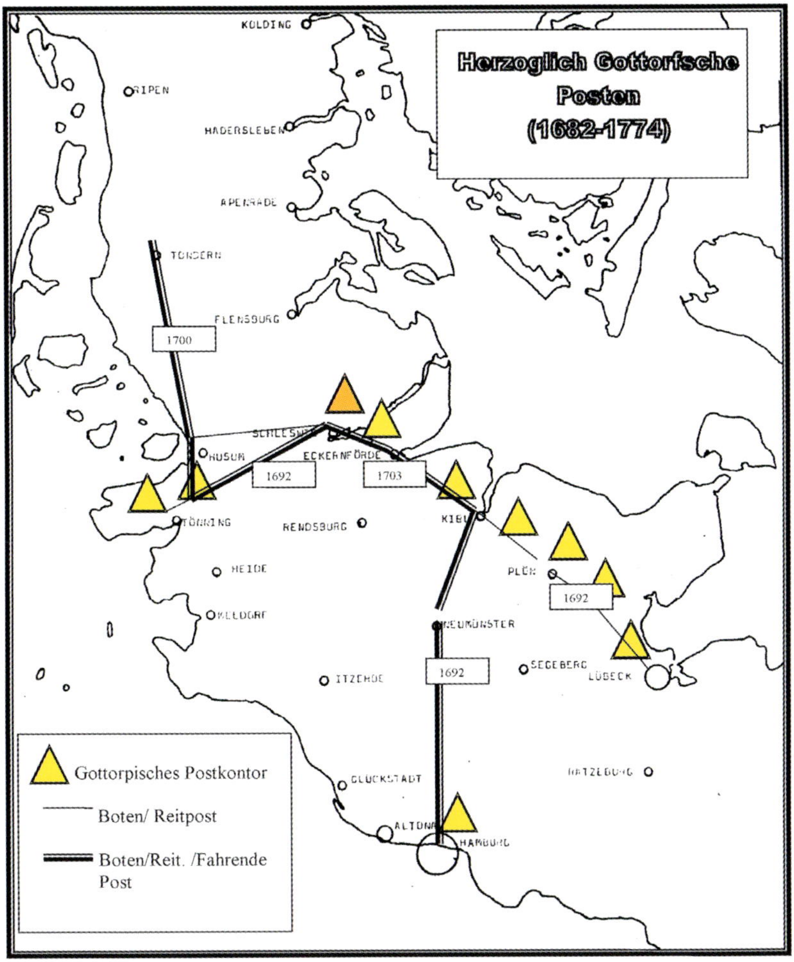

Abb. 11: Die Routen der herzoglich gottorfischen Post

eine wöchentlich verkehrende reitende Post nach Husum sowie eine zweimal wöchentlich verkehrende fahrende Post über Husum nach Tondern eingerichtet. Seit 1703 verkehrte dann zusätzlich zur bereits bestehenden Reitpost eine anfangs zweimal, später viermal wöchentlich verkehrende Fahrpost über Eckernförde, Kiel und Neumünster nach Hamburg. Damit verfügte der kleine Staat über ein gut funktionierendes Postwesen.

Wedderkop hatte die Post als Entschädigung für dem Herzog geleistete Dienste und Darlehn als Erbamt übertragen bekommen und zog wohl reichlich Gewinn aus diesem Amt. 1709 jedoch schafften es seine Gegenspieler, ihn um sein Amt zu bringen. Am 4. November 1710 wurde der fürstlich braunschweig-wolfenbütteler Kommissar in Hamburg, Wolff, zum neuen Postdirektor ernannt. Später wurde Wolff durch den Fürstbischof von Eutin, Christian August, der Vormund des minderjährigen Herzogs Carl Friedrich war, auch als Postdirektor der Fürstbischöflich Eutinschen Post eingesetzt. Als Carl Friedrich 1719 selbst die Herrschaft in seinem Herzogtum übernahm, wurde das Amt des Erbpostmeisters wiedereingeführt, und nach einer kurzen Übergangszeit, in der der Kammerherr Adolph von Roepstorf die Geschäfte führte, brachte der Sohn des alten Wedderkop, Friedrich Christian von Wedderkop, das Amt gegen Zahlung von 6000 Talern und 1000 Speciesducaten wieder in die Familie zurück. Nach dem Ende des Nordischen Krieges fiel 1721 der Gottorfer Anteil in Schleswig dauerhaft an Dänemark, so dass für die herzogliche Post nur noch die Postkurse Kiel–Hamburg und Kiel–Lübeck verblieben. Bis zur Abtretung des großfürstlichen Teils von Holstein an Dänemark am 1. Juni 1773 blieb die Familie Wedderkop im Besitz dieses Erbpostamtes. Der letzte Erbpostmeister, Johann Julius von Wedderkop, musste das Amt gegen eine Entschädigung von 9000 Reichstalern abtreten, und am 1. Januar 1775 ging die Post auf das dänische Generalpostamt über.

Die Post im Fürstbistum Lübeck

Ende des 12. Jahrhunderts erlangte das Bistum Lübeck die Reichsunmittelbarkeit und umfasste als Hochstift die Ämter Eutin und Schwartau sowie 46 Domkapitelgüter. Ende des 13. Jahrhunderts verlegte der Bischof seinen Sitz von Lübeck nach Eutin, wo seit 1555 protestantische Fürsten regierten, aber dennoch den Titel „Fürstbischof" beibehielten. Seit 1586 stammten sie aus dem Hause Schleswig-Holstein-Gottorf, und seit 1777 waren sie Herzöge von Oldenburg, nachdem der russische Thronfolger Paul ihnen nach dem Tauschvertrag von Zarskoje Selo die Grafschaften Oldenburg und Delmenhorst abgetreten hatte. Nach der Säkularisierung 1803 wurde das Fürstentum dem damaligen Fürstbischof Peter Friedrich Ludwig als erbliches Fürstentum übertragen.

Wie andere Landesherren der damaligen Zeit auch, nahm der Fürstbischof von Lübeck für sich das Recht in Anspruch, eigene Posten einzurichten. Bedingt durch das eng begrenzte Territorium konnte die Post aber nur in Zusammenarbeit mit den Nachbarn betrieben werden.

Bis 1865 waren in Eutin vier verschiedene Postverwaltungen tätig, die dä-

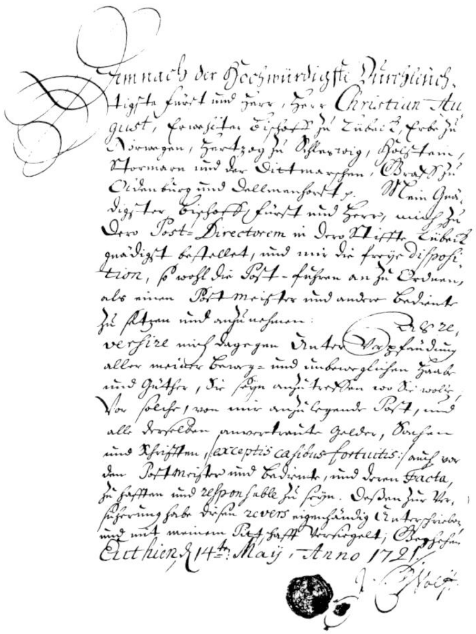

Abb. 12: Bekanntmachung der Bestellung des Postmeisters Wolff von 1721

nische, die gottorfische, die herzoglich plönische und letztlich die eigene „Fürstbischöflich Eutinsche Post".

Es ist nicht mit letzter Sicherheit nachweisbar, wann Eutin erstmals in das Netz der Postkurse einbezogen wurde. Spätestens seit 1685 jedoch wurde Eutin von der herzoglich gottorfischen Post durch deren Postkurs Schleswig–Lübeck berührt, und bereits vor 1700 bestand wohl ein fürstbischöfliches Postwesen, das auch die dänische Post mit versorgte. Ab 1686 berührte auch die einmal wöchentlich verkehrende Postlinie Plön–Lübeck der „Hochfürstlich Plönschen Post" die Residenzstadt Eutin. Der Fürstbischof war jedoch bestrebt, eine eigene Postverbindung zwischen seiner Residenz und Lübeck zu unterhalten. Er ließ daher regelmäßig auch einen fürstbischöflichen Kammerwagen, der auch als „Küchenwagen" bezeichnet wurde, einsetzen. Neben der fürstlichen Post beförderte dieser Wagen u. a. auch Briefe von Privatpersonen. In den Jahren 1703–1708 wurden diese Fahrten dann überflüssig, da nun die von Wedderkop in Kooperation mit dem Fürstbistum eingerichtete *„Fürstlich Schleswig-Holsteinische und Fürstbischöflich Eutinsche fahrende Kommunionpost"* ihre Fahrten zwischen Kiel–Plön–Eutin und Lübeck aufnahm.

Mit der Bestallung vom 12. Mai 1721 wurde Johann Wolff, der „*Schleswig-Holsteinische Postdirektor, auch zu unserem Post-Direktor in unserem Bistum Lübeck bestellt*". In der Urkunde, die Wolff auf 20 Jahre bestallte (Abb. 12), heißt es u. a., dass er das Postwesen des Bistums so regulieren solle, dass „*von unserer Residentz Stadt Eutien auf Hamburg, Lübeck, Kiel und Oldenburg* [...] *ordentliche Posten, jedoch alles auf seiner eigenen Kosten Gefahr und Verantwortung* [...] *unter dem Namen Bischöfl. Posten*" angelegt werde. Im Jahr darauf, am 4. Februar 1722, wurde folgende „*Fürstbischöfliche Postordnung*" erlassen:

„Wir von Gottes Gnaden Christian August Erwehlter Bischoff zu Lübeck, Erbe zu Norwegen, Herzog zu Schleswig, Holstein, Stormarn und der Dithmarschen, Grafe zu Oldenburg und Delmenhorst pp

Fügen hiermit zu wissen: Demnach Wir zur besseren Fortsetzung und Correspondence, und Bequemlichkeit der reisenden Personen Gnädig verordnet, dass Unser Post Director J. Wolff aus Unserer Residentz-Stadt Eutin auf Hamburg, Lübeck und Kiel wöchentlich zwey mahl ordentliche Posten hin und her nach Maßgebung der ihm ertheilten Bestallung anlegen und halten soll: So ergehet deshalb Unser gnädigster und ernstlicher Wille und Befehl hiermit dahin, dass künfftig

1. *Alle Personen, so die Post bezahlen können, so wohl für sich selbst als auch in Transportirung ihrer Gelder, Briefe und Packen unter 50 Pfund auf Hamburg, Lübeck und Kiel der dahin angelegten Posten sich zu gebrauchen schuldig; und also*
2. *Keinem Einheimischen oder frembden Fuhrmann bey vier Reichsthaler, halb Fisco halb dem Post-Directori, zu erlegen Straffe erlaubet sein soll, Personen, Briefe oder Packen unter 50 Pfund von Hamburg, Lübeck oder Kiel anhero zu bringen oder allhier zu laden und abzufahren; Es wäre denn, dass solche kleine Packen demjenigen gehöreten, so die grossen absendet, oder aber bey der Visitation sich fünde, dass der Fuhrmann ohnedem an grösseren Packen allbereit seine Ladung gehabt und also nicht praesentiren, dass er zum Abbruch Unserer Posten etwas habe sammeln wollen.*
3. *Wann aber einer alleine an Posttagen oder mehrere zusammen ausser Posttagen einen eigenen Wagen heuren und damit selbst fahren oder ihre Sachen hin und her transportiren lassen wollen, ist solches niemanden verboten: wie auch*
4. *Packen oder Waaren über 50 Pfund schwer bey Fracht und anderen Wagen nebst denen dazu gehörigen Briefen auf Art wie § 2 berühret worden, zu sondern vergönnet; Nur dass*
5. *In beyden obigen Fällen diejenigen, so eigene Wagen heuren, oder ihre Waaren über 50 Pfund schwer mit Fuhrwagens schicken wollen, sich zuvor bey dem Postmeister melden und darüber einen Schein gegen Erlegung 2 Schilling Schreib-Geld vor die gantze Fuhre nehmen.*
6. *Denjenigen aber, so mit ihren eigenen Pferden und Wagen und nichts vor Gelder fahren, sollen solche Passir-Zetteln umsonst ertheilet werden, die aber mit einer Carosse oder verdeckten Chaise fahren, haben solche Passir-Zetteln nicht von nöthen.*
7. *Falls der Post-Meister eines Extra-Wagens benöthiget seyn sollte, wird ihm derselbe von dem Wagenmeister gegeben, und bezahlet er solchen nach gewöhnlich frembder Ordonnantz. Es muss aber ein solcher Ordonnantz-Wagen in möglichster Eile parat seyn und höchstens nicht über zwey Stunden ausbleiben; bey Straffe eines Reichsthalers.*

Nach welchem allen sich ein jeder zu achten und vor Schaden zu hüten hat: Wie auch Unsere sämtliche Beampte, auch Bürgermeister und Rath zu Eutin hierüber zu halten und auf des Post-Meisters gesuch die kommende, auch ab- und durchgehende Wagen mit Zuziehung des Litzenbruders zu visitiren; nicht weniger durch die Nachtwächter auff die bey Nacht Ausfahrende ein Auge zu haben und folgenden morgens Unserm Hoff-Rath und Ampts-Verwalter davon Anzeige thun zu lassen hiemit befehliget werden

Urkundlich Unsers herunter befindlichen Hand-Zeichens und vorgedruckten Fürst. Insiegels.

Gegeben auf Unserer Residentz Eutin, den 4. Februar 1722

L.S. *Christian August"*

Diese Postordnung war die Grundlage für die kommenden Jahrzehnte, und sie wurde durch Fürstbischof Adolph Friedrich am 14. Oktober 1728 nochmals ausdrücklich bestätigt.

Wolff erreichte, dass eine „Fürstbischöfliche Fahrende Post" Eutin–Lübeck eingerichtet wurde. Diese Post fuhr am Dienstag und Freitag um 5 Uhr morgens ab und traf gegen 11 Uhr in Lübeck ein. Mittwoch und Donnerstag ging die Post in Lübeck am Spätnachmittag ab und erreichte Eutin gegen 2 Uhr in der Nacht, bevor sie um 4 Uhr nach Kiel weiterging.

Wolff richtete auch eine direkte Verbindung Eutin–Plön–Hamburg ein, die jeweils Montag und Donnerstag von Eutin abging und für die Fahrt zwischen 10 und 11 Stunden benötigte. Allerdings musste man in Heidmühlen (westlich von Segeberg) umsteigen in die Kiel-Hamburger Post.

Das Postgeschäft war nicht einfach, zumal immer wieder Übertretungen der Postordnung durch die Fuhrleute vorkamen. Sie beförderten auf eigene Rechnung Passagiere und Briefe, so dass die Postkurse kaum oder gar keinen Gewinn abwarfen. Auch die private, wenn auch unrechtmäßige, Konkurrenz schlief nicht. Bauern aus Gothendorf (westlich von Eutin) beispielsweise beförderten an den Posttagen Passagiere zu günstigeren Preisen, so dass die Post oft leer nebenher fahren musste.

Der Sohn Wolffs als Nachfolger seines Vaters bat wiederholt um Schutz für seine Post, die sich zunehmend als Zuschussunternehmen erwies. In den Monaten Januar und Februar 1734 beispielsweise brachte die Post lediglich 11 Reichstaler und 18 Schillinge an Einnahmen, wohingegen allein für die Beförderung 52 Taler zu zahlen waren. Auch in den folgenden Jahren mussten immer wieder erhebliche Zuschüsse gezahlt werden. Alle Änderungsvorschläge blieben letztlich ohne den gewünschten Erfolg.

Als die herzoglich gottorfische Post 1777 auf Dänemark überging, richtete die dänische Postverwaltung ein „*Hauptpostcomptoir*" in Eutin ein, und betraute den fürstbischöflichen Postmeister mit der Leitung. Die Abrechnung erfolgte getrennt. Für das herzogliche Postamt war mit der fürstlichen Kammer abzurechnen und für das dänischen Postamt mit dem Generalpostamt in Kopenhagen. Dieser Zustand hielt sich bis 1845. Danach übernahm die dänische Postverwaltung das gesamte Postwesen im Fürstentum.

1791 war das Eutiner Postwesen unter eine neue Führung gestellt worden. Mit Order vom 24. Dezember 1791 ließ der Oldenburger Herzog Peter Friedrich Ludwig bekanntgeben, dass dem „*bisherige*[n] *Kammer Sekretär Trendelenburg*“ das „*Prädikat Unseres Post-Commissärs, in Gnaden verliehen*“ worden sei. Aus einem gutachterlichen Bericht, den Trendelenburg im September 1800 erstattete, ging u. a. hervor, dass er den 12. Pfennig (d. h. den 12. Teil) der Einnahmen und daneben aus der Hochfürstlichen Kammerkasse 65 Rtl. Besoldung, 15 Rtl. Vergütung der Deputat-Feuerung, 2 Rtl. zur Öl-Lampe, 12 Rtl. zum Litzenbruderrock, zusammen 94 Rtl. erhielt. (Als dänischer Postmeister hatte er weiter $^{1}/_{10}$ der Einnahmen des dänischen Postamtes.) Darüber hinaus ist dem Bericht zu entnehmen, dass die Zuschüsse, die die herzogliche Rentekammer bisher zu der fürstlichen Post geleistet hatte, in den vergangenen Jahren immer geringer geworden waren. Von 188 Rtl., 37 Schilling, 8 Groschen im Jahr 1792 gingen sie auf 45 Rtl., 9 Schilling, 6 Groschen im Jahr 1799 zurück.

Die Post im Herzogtum Plön

„*Das winzige Herzogtum Sonderburg-Plön war eine der feinsten Blüten, die der fürstliche Absolutismus in Schleswig-Holstein getrieben hatte*“. (Otto Brandt) Das Herzogtum war 1622 nach dem Tod des Herzogs Hans d. J. durch Erbteilung entstanden und hatte seine Glanzzeit unter den Herzögen Joachim Ernst, der auch 1630–1636 das Schloss erbauen ließ, und Hans Adolf im 17. Jahrhundert.

Unter Hans Adolf wurde am 25. Januar 1686 eine einmal wöchentlich verkehrende Fahrpost zwischen der Residenzstadt Plön und Lübeck eingerichtet, obwohl es zu dieser Zeit bereits andere Posten auf der Strecke Kiel–Lübeck gab, die auch Plön berührten. Weniger der reale Bedarf als vielmehr der Prestigegewinn durch Unterhaltung einer eigenen Postlinie dürften ausschlaggebend für die kostenträchtige Entscheidung gewesen sein. Daneben verkehrte ab Anfang des 18. Jahrhunderts zwischen Plön und Hamburg (Plön–Segeberg–Oldesloe–Hamburg) einmal wöchentlich ein Wagen, der Waren und Personen beförderte. Ein Postreiter verband das Herzogtum zweimal wöchentlich mit der Plöner Exklave Reinfeld und hatte hier Anschluss an die Lübecker Post.

Und damit alles auch in diesem Miniaturstaat seinen geregelten Postgang nehmen konnte, erließ der Herzog Joachim Friedrich im Mai 1721 eine Postordnung, in der die Gebühren festgesetzt wurden.

Aber schon einen Monat später, im Juni 1721, übernahm der Postkommissar des Fürstbistums Lübeck, Wolff, gegen eine jährliche Pacht von anfangs 50, später 30 Reichstalern die Linie Eutin–Plön–Segeberg–Hamburg, die die Plöner Postsachen in Heidmühlen (westlich von Segeberg) an die Wolffsche reitende Post Kiel–Neumünster–Hamburg übergab, ebenso wie die Verbindung nach Reinfeld.

Auch die dänische reitende Post Kiel–Lübeck berührte seit etwa 1700 Fegetasche bei Plön und verkehrte zweimal wöchentlich, bevor der dänische Postillion auf Wunsch des Plöner Herzogs ab 1732 seinen Weg durch Plön nahm und dort ein dänisches Postkontor eingerichtet wurde. Als Gegenleistung für die Portofreiheit der herzoglichen Post musste der Herzog dafür Sorge tragen, dass keine Post mehr mit der Plön Eutinschen Post befördert wurde.

Mit dem Tod des letzten Plöner Herzogs, Friedrich Carl, 1761, fiel Plön durch Erbvertrag an den dänischen König zurück, und das Postwesen wurde in das dänische integriert.

Die schwedische Post in Schleswig-Holstein

Neben den Hamburger, Lübecker, dänischen und herzoglichen Postkursen gab es über zweieinhalb Jahrhunderte, von 1612 bis 1869, auch einen fremden Postkurs, der durch die Herzogtümer Schleswig und Holstein verlief: die schwedische Post.

1612 hatte Schweden von Dänemark die Erlaubnis erhalten, die schwedische Regierungspost durch Dänemark und die beiden Herzogtümer in eigener Zuständigkeit bis nach Hamburg zu bringen. Zunächst ging diese Post nur entsprechend dem Bedarf. Seit dem 28. Juli 1620 aber richteten die Schweden ohne zusätzliche Abmachungen mit Dänemark eine regelmäßig einmal wöchentlich verkehrende Botenpost zwischen Stockholm und Hamburg ein, die neben der Regierungspost auch private Post beförderte.

Schon bald verschafften sich die *„Postschweden“*, wie die Boten auch genannt wurden, ein Zubrot, indem sie neben der Regierungspost auch Briefe von unterwegs auf eigene Rechnung mitnahmen. Den Preis für ihre Dienste handelten sie jeweils aus. Da sie inzwischen mit Wagen fuhren, konnten sie Pakete und Waren und später sogar Passagiere mitnehmen. Auch die neuerliche dänische Anordnung, dass durch die *„Postschweden“* nur schwedische Post befördert werden durfte, half nicht viel. Selbst die Drohung, Verstöße mit Arrest der Passagiere zu ahnden, änderte wenig. Ab 1680 gestattete der dänische König, dass die Schweden mit zwei Wagen fahren und auch schwedische Passagiere befördern durften. Das Verbot, nicht-

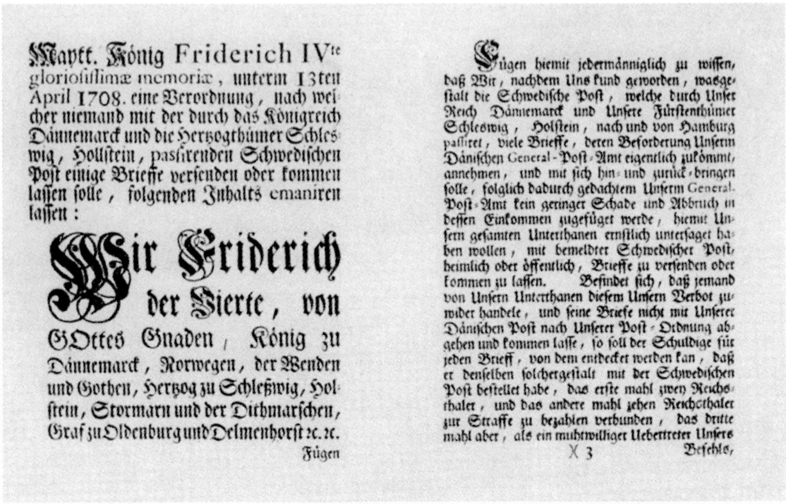
Maytt. König Friderich IV^te gloriosissimæ memoriæ, unterm 13ten April 1708. eine Verordnung, nach welcher niemand mit der durch das Königreich Dännemarck und die Hertzogthümer Schleswig, Hollstein, passirenden Schwedischen Post einige Brieffe versenden oder kommen lassen solle, folgenden Inhalts emaniren lassen:

Wir Friderich der Vierte, von GOttes Gnaden, König zu Dännemarck, Norwegen, der Wenden und Gothen, Hertzog zu Schleßwig, Hollstein, Stormarn und der Dithmarschen, Graf zu Oldenburg und Delmenhorst 2c. 2c.

Fügen

Fügen hiemit jedermänniglich zu wissen, daß Wir, nachdem Uns kund geworden, wasgestalt die Schwedische Post, welche durch Unser Reich Dännemarck und Unsere Fürstenthümer Schleswig, Holstein, nach und von Hamburg passiret, viele Brieffe, deren Beforderung Unserm Dänischen General-Post-Amt eigentlich zukömmt, annehmen, und mit sich hin- und zurück-bringen solle, folglich dadurch gedachtem Unserm General-Post-Amt kein geringer Schade und Abbruch in dessen Einkommen zugefüget werde, hiemit Unsern gesamten Unterthanen ernstlich untersaget haben wollen, mit bemeldter Schwedischer Post, heimlich oder öffentlich, Brieffe zu versenden oder kommen zu lassen. Befindet sich, daß jemand von Unsern Unterthanen diesem Unsern Verbot zuwider handele, und seine Briefe nicht mit Unserer Dänischen Post nach Unserer Post-Ordnung abgehen und kommen lasse, so soll der Schuldige für jeden Brieff, von dem entdecket werden kan, daß er denselben solchergestalt mit der Schwedischen Post bestellet habe, das erste mahl zwey Reichsthaler, und das andere mahl zehen Reichsthaler zur Straffe zu bezahlen verbunden, das dritte mahl aber, als ein muhtwilliger Uebertreter Unsers

X 3

Befehls,

Abb. 13: Verordnung Friedrichs V. vom 18. 11. 1748, die ein Mandat Friedrichs IV. wiederholt, durch das der schwedischen Post die Beförderung von Briefen aus den Herzogtümern verbietet

schwedische Passagiere, Waren und Briefe zu befördern, blieb aber bestehen. Insbesondere in Flensburg, Schleswig und Rendsburg wurde die Anordnung des Königs offensichtlich stark kontrolliert, so dass die Schweden zum Teil größere Umwege in Kauf nahmen, um diese Städte zu umgehen.

Die Kontrollen scheinen letztlich Wirkung gehabt zu haben. Ab 1687 gaben die Schweden die Fahrten mit Wagen auf und beförderten ihre Post nur noch mit reitenden Boten. Aber auch das war den Dänen immer noch ein Dorn im Auge. Sie versuchten die Beförderung dadurch zu behindern, dass sie den Schweden ausdrücklich untersagten, beim Durchqueren der Herzogtümer die Pferde zu tauschen. Allerdings war es schwierig, die Einhaltung dieser Anordnung effektiv zu kontrollieren und durchzuhalten. Um die guten Beziehungen zu Schweden nicht zu strapazieren, gab man die Widerstände schließlich auf, und der dänische König gab 1689 seine ausdrückliche Zustimmung zur schwedischen Reitpost.

Die zunächst einmal wöchentlich genehmigte reitende Post wurde ab 1734 durch Vereinbarung zwischen Dänemark und Schweden in eine zweimal wöchentlich verkehrende Post umgewandelt. Die Probleme mit dieser Post aber gingen in alter Form weiter, so dass sich der König immer wieder

Abb. 14: Schwedischer und Hamburger Stadtpostbote

genötigt sah, Strafen anzudrohen, wie er es nochmals mit einer Verordnung vom 18. November 1748 tat (Abb. 13). Nachdem die Abmachung von 1734 noch einmal verlängert worden war, lief sie eigentlich 1764 aus. Aber unabhängig davon blieb dieser fremde Postkurs in den Herzogtümern bis 1869 bestehen.

Die Post in der Hansestadt Lübeck

Eine der Städte, die ihre eigene Post gegen alle Einflüsse von außen lange verteidigte, war die Reichsstadt Lübeck, deren Botenwesen vom 16.–18. Jahrhundert bereits recht gut organisiert war. Es fehlte ihm aber das wesentliche Kriterium der Post: die regelmäßigen, jedermann zugänglichen Verbindungen. Darüber hinaus gab es für die Stadt noch ein geographisches Problem. Das Territorium war sehr klein, so dass man bei den Postverbindungen auf das Wohlwollen anderer Länder angewiesen war, durch deren Hoheitsgebiet die Postkurse führten. Es war daher nicht verwunderlich, dass die Stadt es auf Dauer nicht verhindern konnte, dass neben dem eigenen Stadtpostamt auch fremde Postverwaltungen versuchten, auf Lübecker Gebiet eigene Posthäuser einzurichten. So gab es schon ab 1660, gegen den Widerstand der Stadt, aber mit Hilfe eines kaiserlichen Mandats, ein Postamt der Thurn- und Taxisschen Post. Diese Post stellte einen Lübecker Fuhrmann als Postfuhrhalter ein, und im August 1660 nahm der erste Postwagen seine Fahrten nach Hamburg auf. Die neue Post war pünktlich und mit einem Fuhrgeld von 1½ Rthlr. preisgünstig und daher meist gut ausgelastet. Der Lübecker Rat stellte sich der Konkurrenz und richtete eine regelmäßig zwischen Hamburg und Lübeck verkehrende Post ein, deren Postillione das Posthorn führten. Erstmals verkehrte diese Post am 16. September 1660. Am Schütting wurde ein Briefkasten aufgestellt. Die Anfänge der Post im heutigen Sinne waren damit in Lübeck eingeleitet, und das Postwesen wurde zügig ausgebaut. Neben dem Hamburger Postkurs unterhielt Lübeck im 17. Jahrhundert noch mehrere Postkurse, die allerdings nur entsprechend dem Bedarf und der Rentabilität eingerichtet wurden. Abseitig gelegene Orte mit der damaligen Post zu erreichen, war so gut wie unmöglich.

Seit 1737 bestand in Lübeck noch ein hannoversches (großbritannisches) Postamt, das den Verkehr nach Lauenburg und Hannover vermittelte. Lübeck meinte sich der Einrichtung nicht entgegenstellen zu können, um vor allem die Handelsbeziehungen zu Großbritannien nicht zu gefährden. Zwischen 1806 und 1813 wurde das hannoversche Postamt mit Unterbrechungen von anderen Ländern mitverwaltet, bevor es 1845 endgültig aufgelöst wurde.

Ende des 17. Jahrhunderts versuchte Dänemark sich vom Stadtpostamt unabhängig zu machen und ordnete an, dass der dänische Postillion seine Post bei der dänischen Gesandtschaft und nicht mehr bei der Stadtpost ablieferte. Der Rat der Stadt machte daraufhin kurzen Prozess und nahm den dänischen Postillion fest. Der dänische König beantwortete dieses Verhalten mit Repressalien, beschlagnahmte Lübecker Güter und besetzte einige Lübecker Dörfer. Er drohte gar mit Krieg, wenn der Rat der Stadt sich nicht entschuldigte. Die Drohung hatte Erfolg. Im Mai 1697 wurde eine dänisch-lübecksche Post-Konvention unterschrieben, und die dänische Post wurde zunächst von der Stadtpost mit betreut. Erst ab 1852 verfügten die Dänen dann über ein eigenes Postamt in Lübeck.

Während des 18. Jahrhunderts lief der Betrieb der Post weitgehend in hergebrachter Weise. Es gab inzwischen in Lübeck drei Posthäuser, die für unterschiedliche Strecken zuständig waren. Bei den bedienten Strecken kam es dabei hin und wieder zu Überschneidungen, so dass man schon damals zwischen verschiedenen „Anbietern" wählen konnte.

Mit Preußen wurde die erste Postverbindung aus der Not geboren. Nach Ausbruch der Pest in Hamburg (1713), die die Sperrung Hamburgs erforderlich machte, wurde der preußische Postkommissar Wolff in Hamburg, dem die Abfertigung der für die schnelle Versorgung der fürstlichen Tafel mit Delikatessen eingerichteten sogenannten Küchenpost nach Berlin oblag, beauftragt, die Post von Boitzenburg nach Lübeck zu verlegen. Der Magistrat der Stadt Lübeck wurde von Preußen gebeten, dieser Post nicht im Wege zu stehen. Lübeck war zwar grundsätzlich bereit, das Unternehmen zu unterstützen, wollte aber kein preußisches Postamt in seinen Mauern dulden. Man war bereit, der Fahrpost die Einfahrt nach Lübeck, gegen Zahlung von Zoll, zu genehmigen, in Lübeck aber sollte die Post durch das Stadtpostamt am Schütting abgefertigt werden. Darüber hinaus verlangte der Lübecker Magistrat, dass auch die Weiterbeförderung zur nächsten Station durch Lübekker Boten zu geschehen habe. Das Ansinnen Preußens, den Lübecker Stadtpostmeister auch auf die preußische Post zu vereidigen, wurde von Lübeck abgelehnt, vielmehr wurde dem eigenen Stadtpostmeister die Vereidigung aufgetragen. Über alle diese Punkte wurde am 20. Dezember 1713 ein förmlicher Vertrag abgeschlossen, worin Preußen sich ausdrücklich verpflichtete, das Lübecker Postregal in keiner Weise anzutasten. Insbesondere wurde vereinbart, dass keine Briefe mit der Fahrpost nach Lübeck gesandt würden. Die preußische *„General-Finanzdirektion"* in Berlin war jedoch sehr bald der Auffassung, dass dem preußischen Postwesen in Lübeck kein Erfolg beschieden sei. Schon vier Jahre nach Eröffnung wurde die Postlinie, die ohnehin keinen Ertrag abgeworfen hatte, wieder eingestellt.

Wie engagiert die Stadt auf ihrem Postregal bestand, mag auch folgende Episode belegen. Wenige Monate nach Eröffnung der neuen preußischen Postlinie hatte der Kaiser auf Betreiben des Fürsten von Thurn und Taxis eine Verfügung an den Magistrat von Lübeck gerichtet, in der die Stadt angewiesen wurde, bei einer Strafe von 50 Mark Silber, keiner preußischen Post die Einfahrt in die Stadt zu erlauben. Lübeck wies dies Ansinnen des Kaisers mit Nachdruck zurück und bestand mit Erfolg auf seinem Postregal.

1806 wurde Lübeck von zurückgehenden preußischen Truppen besetzt, die aber von den französischen Truppen wieder aus der Stadt geworfen wurden. Lübeck wurde, obwohl es sich im Krieg neutral verhalten hatte, von den Franzosen als feindliche Stadt behandelt. Auch das Postwesen kam damit von 1808-1813 innerhalb *des „Départements 128, Les Bouches de l'Elbe"* unter französische Verwaltung. Mit der Befreiung Lübecks von der napoleonischen Herrschaft im März 1813, ging die Macht, und damit auch die Postverwaltung, wieder an den Rat der Stadt zurück. Die hannoversche Post und die Reichspost kehrten ebenfalls nach Lübeck zurück.

Nach Ende der Befreiungskriege versuchte Dänemark die Post zwischen Hamburg und Lübeck, die über holsteinisches Territorium verlief, unter seine Kontrolle zu bekommen.

Lübeck gelang es nur gegen Durchgangsgebühr, eine einmal wöchentlich verkehrende Fahrpost zu behalten. Die restlichen Posten musste der Stadtpostmeister, der zugleich dänischer Postmeister war, auf dänische Rechnung abfertigen.

Ab 1829 wurde dann zusätzlich im Stadtpostamt auch noch eine preußische Postagentur eingerichtet.

In der ersten Hälfte des 19. Jahrhunderts wurden die Postverbindungen auch für Lübeck erheblich ausgeweitet, und sie wurden schneller. Begünstigt wurde diese Entwicklung durch den Bau von „Kunststraßen" und Eisenbahnen und durch den Einsatz von Dampfschiffen.

So gab es ab 1831 eine direkte Dampfschiffslinie zwischen St. Petersburg und Lübeck, die auch von der Post genutzt wurde.

Ab 1842 verkehrten zweimal täglich Schnellposten nach Hamburg, und nach Kiel dreimal wöchentlich.

1848 trat für Lübeck eine neue Verfassung in Kraft, die u. a. 1850 dazu führte, dass der Rat der Stadt den „Schonenfahrern" ihr lukratives Privileg der Postverwaltung nahm, das sie seit Anbeginn gehalten hatten. 1851 erhielt Lübeck seinen ersten *„Postdirektor"*. Unter ihm wurde das Stadtpostamt am 1. Januar 1868 in ein Oberpostamt des Norddeutschen Bundes, dem auch Lübeck beigetreten war, umgewandelt. Die Eigenständigkeit der Lübecker Post endete mit diesem Datum.

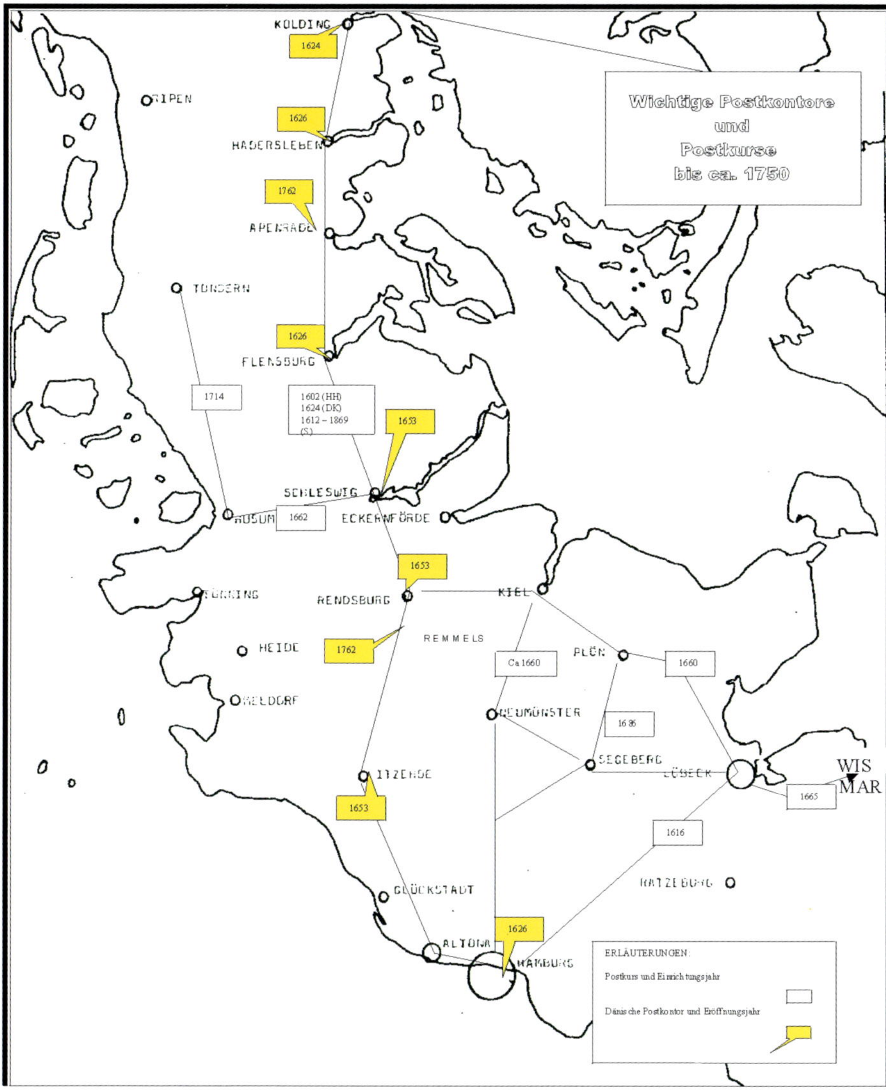

Abb. 15: Das Netz der wichtigsten Postrouten in Schleswig-Holstein um 1750 mit den Daten der Einrichtung und (gelb) den Daten der Eröffnung der Stationen der dänischen Post

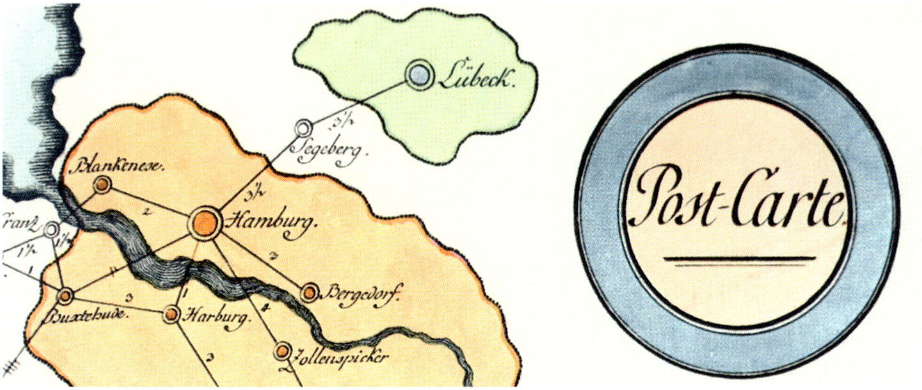

Abb. 16: Blatt Nordwestdeutschland aus dem Hendschel-Atlas v. 1793 des Fürstlich Thurn- und Taxisschen Zentralarchivs, Regensburg (Ausschnitt)

Die deutsche Postverwaltung in der Napoleonischen Zeit

Nach Bildung des Rheinbundes lösten sich am 6. August 1806 die sechzehn dem Bund angehörenden süd- und südwestdeutschen Staaten vom Heiligen Römischen Reich Deutscher Nation ab. Weitere Mitglieder folgten, und bis 1807 umfasste das Territorium die Hälfte des ehemaligen Reichsgebiets. Mit Gründung des Bundes hatte auch die Reichspost als Institution aufgehört zu existieren. Die Posthoheit ging auf die einzelnen Fürsten des Rheinbundes über. Durch die Gründung des Rheinbundes hatte sich für das Haus Thurn und Taxis das Postgebiet unter anderem 1810 um die Oberpostämter Hamburg und Lübeck verkleinert.

Im Rheinbund gab es insgesamt 9 Postbezirke. Der Oldenburgische Postbezirk IX umfasste das Herzogtum Oldenburg und das Fürstentum Lübeck, deren Oberpostämter in Oldenburg und Eutin lagen.

Am Niederrhein wurde aus ehemals preußischem und bergischem Besitz das Großherzogtum Berg gebildet. Auf Weisung Napoleons wurde 1806 dessen Schwager, Joachim Murat, Großherzog von Berg. Murat war von Anbeginn bestrebt, die ihm für seine Gebiete verliehenen Postrechte zielstrebig auch in den unter französischer Besetzung stehenden norddeutschen Gebieten, allen voran Hamburg, unter seine Kontrolle zu bringen.

Die Situation für das Haus Thurn und Taxis wurde immer schlechter. Am

29. 7. 1806 wandte sich der Fürst Karl Alexander von Taxis an Napoleon mit dem Vorschlag, eine einheitliche Post für den Rheinbund zu schaffen und ihm selbst die Würde eines *„Erbgroßmeisters der Posten der verbündeten Staaten"* zu verleihen. Diesem Vorschlag war allerdings kein Erfolg beschieden. Napoleon ordnete vielmehr 1808 an, die Postämter der Taxis in den Hansestädten Hamburg, Bremen und Lübeck und ebenso die Postämter Hannovers, Hessens, Braunschweigs und Mecklenburgs mit den Großherzoglichen Postämtern zu vereinigen.

Eine neue Postpolitik leitete Napoleon 1811 nach der Einverleibung Hollands, Oldenburgs, Ostfrieslands und der Hansestädte in das französische Kaiserreich ein. Hamburg, Lübeck und das Fürstentum Lübeck gehörten jetzt zum Département des Bouches de l'Elbe. Mit der Annexion endete die Tätigkeit sämtlicher fremder Postanstalten. Auch die Bemühungen Dänemarks, seine Postämter in Hamburg und Lübeck bestehen zu lassen, waren vergebens. Am 2. 2. 1811 wurde Dänemark davon in Kenntnis gesetzt, dass das Weiterbestehen seiner Postanstalten in den Gebieten unter französischer Herrschaft nicht möglich sei.

Auch die bisherigen Großherzoglich Bergschen Postämter wurden in französische Regie übernommen.

Das Eutiner Postwesen im 19. Jahrhundert

Nach der Säkularisierung des Fürstbistums 1804 bekam auch die herzogliche Post gleich zu Beginn der von 1806 bis 1813 dauernden französischen Besetzung Hamburgs und Lübecks deren Auswirkungen zu spüren. Bereits 1806 konnten die Posten häufiger nicht befördert werden, oder es wurden nur reitende Posten nach Lübeck geschickt, die oft Umwege reiten mussten. Zweimal, so wird berichtet, wurde dem Postillion sogar das Pferd von französischen Soldaten abgenommen. In der Zeit von 1808 bis 1813, in der sich das gesamte Postwesen in Lübeck in französischer Verwaltung befand, mußte auch der Eutiner Postmeister mit dem Großherzoglich Bergischen Postadministrator abrechnen.

Über den Zustand der Eutiner Post nach dem Ende der Napoleonischen Kriege und der Wiederherstellung der Selbständigkeit gibt ein Bericht des Geheimen Hofrats Hofmeister, eines Mitglieds der Eutiner Regierung, vom 20. August 1824 ein guten Überblick. Es heißt dort u. a.: *„Die Posten leisten den Staaten in der Regel eine beträchtliche Einnahme; die hiesige Post aber erfordert einen Zuschuss."* Der Berichterstatter stellt dann fest: *„Durchaus notwendig ist diese Post grade nicht, weil eine königl. Post hier durch über Neustadt nach Lübeck geht und königl. Posten auch nach*

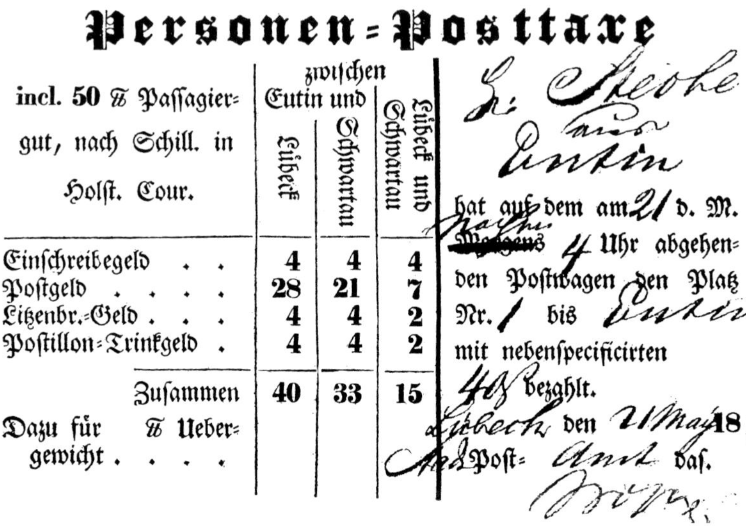

Personen-Posttaxe

incl. 50 ℔ Passagier-gut, nach Schill. in Holst. Cour.	zwischen Eutin und Lübeck	zwischen Eutin und Schwartau	Lübeck und Schwartau
Einschreibegeld . .	4	4	4
Postgeld	28	21	7
Litzenbr.-Geld . . .	4	4	2
Postillon-Trinkgeld .	4	4	2
Zusammen	40	33	15
Dazu für ℔ Uebergewicht			

Hr. Steske aus Eutin hat auf dem am 21 d. M. Nachts ~~Morgens~~ 4 Uhr abgehenden Postwagen den Platz Nr. 1 bis Eutin mit nebenspecificirten 40ß bezahlt.

Lübeck den 21 May 1839

Post-Amt das.

Abb. 17: Personenzettel für die Fahrt von Lübeck nach Eutin, 1839

Hamburg und Kiel abgehen und alle diese Posten hier Briefe, Gelder, Päckereien und Passagiere aufnehmen. Weil aber Eutin mit keiner anderen Stadt in so bedeutendem Verkehr als mit Lübeck steht, so würde dem hiesigen Publico das Eingehen einer direkten Post dahin ein empfindsamer Verlust sein, denn die Fahrt über Neustadt nach Lübeck ist 2 Meilen weiter“. Der Bericht weist dann darauf hin, dass es insbesondere bei der Personenpost immer wieder zu Betrügereien zu Lasten der Post komme.

Obwohl ein Passagier mit einem 60 Pfund schweren Koffer im Sommer nur 28 und im Winter 32 Schilling bezahle, seien beispielsweise im Jahr 1822 lediglich 25 Personen befördert worden. Der Berichterstatter fügt aber gleich Gründe für die geringe Nutzung an: *„In der That gehört viele Überwindung dazu, sich einem Wagen mit schlechtem unbedeckten und durch Päckereien beschränkten Sitze für 8 Stunden der Nacht zu überlassen, um in solchem eine Strecke Weges von 4 Meilen zurückzulegen. Wer kein ganz schlechter Fußgänger ist, der wird als solcher schneller und angenehmer überkommen; wer es weiß, dass die Frachtwagen die Post begleiten, dass diese bequemere Sitz haben, der wird jene vorziehen, denn er findet darauf oft einen Platz, um sich zum Schlafen niederzulegen, und der ihn gegen Wind und Wetter schützet, und wer noch wohlfeiler fahrend transportirt sein will, der geht eine Strecke Weges zu Fuß und läßt sich dann für ein*

Stundenzettel

zur

Großherzogl. Oldenburgischen Fahrpost

zwischen

Eutin, Schwartau und Lübeck

den 18

Eutin.

Die Post (soll abgehn Morgens 5—6 Uhr) ist abgefertigt um Uhr mit Postillon

Ladung:

a) Die Schwartauer Postlade (worin nebst Protocoll und Charten, lederne Posttasche, Beutel mit Geld, Packete mit Geld, Briefe mit Geld und außerdem leichte Stücke);
Reisende, Stück Reisegut, Stück Postgut;

b) die Lübecker Postlade (worin nebst Charten, lederne Posttasche, Beutel mit Geld, Packete mit Geld, Briefe mit Geld und außerdem leichte Stücke);
Reisende, Stück Reisegut, Stück Postgut.

Im Ganzen sind also von hier nach Schwartau abgesandt:
Postladen,
Reisende,
Stück Reisegut,
Stück Postgut.

Von den Reisenden kehren hierher zurück Personen.

Schwartau.

Die Post (soll ankommen um 10—11 Uhr) ist angekommen um Uhr und nach Lübeck abgefertigt um Uhr.

Ladung:

a) Die Lübecker Postlade, Reisende, Stück Reisegut, Stück Postgut;

b) die Schwartauer Postlade (worin nebst Protocoll und Charten, lederne Posttasche, Beutel mit Geld, Packete mit Geld, Briefe mit Geld und außerdem leichte Stücke);
Reisende, Stück Reisegut, Stück Postgut.

Im Ganzen sind also von hier nach Lübeck abgesandt:
Postladen,
Reisende,
Stück Reisegut,
Stück Postgut.

Lübeck.

Die Post (soll ankommen um 11—12 Uhr) ist angekommen um Uhr. Sie (soll abgefertigt werden um 4 Uhr) ist abgefertigt um Uhr Nachmittags.

Ladung:

a) Die Schwartauer Postlade (worin nebst Protocoll und Charten, lederne Posttasche, Beutel mit Geld, Packete mit Geld, Briefe mit Geld und außerdem leichte Stücke);
Reisende, Stück Reisegut, Stück Postgut;

b) die Lübecker Postlade (worin nebst Charten, lederne Posttasche, Beutel mit Geld, Packete mit Geld, Briefe mit Geld und außerdem leichte Stücke);
Reisende, Stück Reisegut, Stück Postgut.

Im Ganzen sind also von hier nach Schwartau abgesandt:
Postladen,
Reisende,
Stück Reisegut,
Stück Postgut.

Schwartau.

Die Post (soll ankommen um 5 Uhr) ist angekommen um Uhr Nachmittags und nach Eutin abgefertigt um Uhr.

Ladung:

a) Die Lübecker Postlade, Reisende, Stück Reisegut, Stück Postgut;

b) die Schwartauer Postlade (worin nebst Protocoll und Charten, lederne Posttasche, Beutel mit Geld, Packete mit Geld, Briefe mit Geld und außerdem leichte Stücke);
Reisende, Stück Reisegut, Stück Postgut.

Im Ganzen sind also von hier nach Eutin abgesandt:
Postladen,
Reisende,
Stück Reisegut,
Stück Postgut.

Eutin.

Die Post (soll ankommen um 10 Uhr) ist angekommen um Uhr.

Abb. 18: Stundenzettel der Großherzoglich Oldenburgischen Fahrpost

geringes Trinkgeld von dem Postillion als blinden Passagier aufnehmen. Bei so bewandten Umständen darf es nicht befremden, dass sich zur Post selten Passagiere einschreiben lassen". Besser sieht es bei der Briefpost aus. Das Briefporto sei so gering, dass hier *„im allgemeinen keine Defrauden vorkommen"*. Was den Umfang der Briefpost angeht, stellt der Bericht fest, dass z. B. im Jahre 1822 insgesamt 6317 Briefe nach Lübeck und 6257 von Lübeck befördert wurden.

Die Vorschläge, die der Hofrat Hofmeister zur Verbesserung machte,

Nachdem man vernommen/ daß einige Zeit her von denen Bedienten/ so für ihre Herren in dieses Post-CONTOIR Briefe bringen oder hieselbst abholen/ viele Ungestühmigkeit verübet/ auch wohl grobe und schmähsüchtige Worte ausgestossen/ und sonst übele Aufführung gebrauchet worden; solchen Unfug aber kein particulair Mann in seinem Hause zu dulden schuldig ist. Als werden hierdurch diejenige Bediente/ welche bey diesen Post-CONTOIR Briefe einliefern oder abholen ernstlich ermahnet und erinnert/ daß Sie sich aller Ungestühmigkeit/ Grobheit/ und schimpflicher Reden/ samt aller andern Unordnung hinführo gäntzlich enthalten/ die Briefe bescheidentlich einliefern oder abfordern/ und einer nach dem andern gehörig warten sollen/ da ihnen dann aus dem CONTOIR alle mögliche Beförderung und Willfährigkeit erwiesen werden wird. Würde aber ein- oder anderer/ dieser Erinnerung und Warnung ungeachtet/ hieselbst vorgemeldter Maßen/ sich unbescheiden/ ungestühm und grob/ oder sonst mit Worten oder Wercken übel aufführen/ so wird man sich genöthiget sehen/ gegen einen oder andern entweder des Hauß-Rechts sich zu gebrauchen/ oder auch auf andere Art so abstraffen zu lassen/ daß die andern daran sich zu spiegeln Ursache haben werden. *LÜBECK*, d. 14. *DECEMBR. ANNO* 1733.

Abb. 19: Lübecker Anordnung von 1733 über das Verhalten der Postabholer

wurden aber nicht umgesetzt. Die „*Hochfürstlich Lübecksche Rente-Kammer*“ sah es als ausreichend an, die alte Postordnung vom 14. Oktober 1728 im Juli 1825 nochmals in Erinnerung zu rufen.

In den Akten der Regierung findet sich ein Schreiben eines Verfassers mit unleserlicher Unterschrift (vermutlich auch Hofmeister), der am 25. Februar 1834 an den Kammerassessor Kindt ältere Akten über das Postwesen zurücksandte. Es heißt darin u. a.: „*Bey Lesung der Acten von der frühesten bis auf die neueste Zeit muss man erstaunen über die Stabilität, womit die unvollkommene und unbequeme Posteinrichtung seit 113 Jahren in ihrer Schlechtigkeit unverändert erhalten werden konnte, zugleich aber die Überzeugung gewinnen, dass die mehrfachen früheren Versuche und Pläne zur Einrichtung einer regelmäßigen täglichen Postverbindung mit Lübeck (und damit mit Hamburg u.s.w.) immer nur an Nebenpunkten und äußeren Zufälligkeiten gescheitert sind*“.

Versuche in den Jahren 1836/37, die Post effektiver zu machen, waren zunächst von wenig Erfolg gekrönt. Verhandlungen mit Dänemark führten aber letztlich dazu, dass der Großherzog von Oldenburg die Post im

Fürstentum Lübeck vom 1. April 1846 an für zunächst 10 Jahre auf die dänische Postverwaltung übertrug.

Dabei verpflichtete sich Dänemark, das Postwesen im Fürstentum in einem den Forderungen der Zeit entsprechenden Zustand zu halten und eine „*tägliche Postverbindung nach und von dem Ausland*“ sowohl über Kiel wie über Lübeck zustande zu bringen. Danach verkehrte eine Diligence dreimal wöchentlich hin und zurück zwischen Kiel und Lübeck über Preetz, Plön, Eutin und Schwartau. Darüber hinaus verkehrte eine Brief- und Paketpost einmal wöchentlich zwischen Eutin und Lübeck und zwischen Eutin und Kiel.

Ab 1848 wurde auch die Post im Fürstentum von der Provisorischen Regierung Schleswig-Holsteins übernommen, bevor sie nach Niederschlagung der Erhebung wieder in den dänischen Gesamtstaat eingegliedert wurde. Nach Loslösung der beiden Herzogtümer von Dänemark und ihrer Umwandlung in eine preußische Provinz wurde das Fürstentum zu einem geschlossenen Gebiet, da Preußen 1867 dem Großherzog von Oldenburg als Entschädigung für Erbansprüche auf Schleswig und Holstein das Amt Ahrensbök abtrat.

Die Post im Fürstentum kam jetzt zunächst unter Verwaltung des Norddeutschen Bundes, bevor sie am 1. Januar 1868 mit der Post des Deutschen Bundes vereinigt wurde und bis 1928 ein Postamt I. Klasse war.

Innerbetriebliche Regelungen im 18. und 19. Jahrhundert

Noch im 18. Jahrhundert war es z. B. in Lübeck erforderlich, dass man das für den Bestimmungsort seines Briefes zuständige Postamt kannte, bei dem der Brief aufzugeben war.

Ankommende Briefe wurden in der Regel auch noch nicht zugestellt, sondern mussten vom Postamt abgeholt werden. Zu diesem Zweck wurden von den Postbediensteten die angekommenen Briefe in einem Verzeichnis aufgelistet und am Postamt in den Aushang gebracht.

Besonders an den Tagen, an denen Posten ankamen, herrschte naturgemäß reger Betrieb an den Posthäusern. Es muss zum Teil mehr als lebhaft unter den jungen Kontorangestellten, die die Post abholten, zugegangen sein, so dass sich die Post veranlasst sah, mit einem Aushang zu Ruhe und Ordnung aufzurufen. Eine Verordnung vom 14. Dezember 1733 (Abb. 20) wurde dadurch ausgelöst „*dass einige Zeit her von denen Bedienten, so für ihre Herren in dieses Post-Comptoir Briefe bringen oder hieselbst abholen, viele Ungestühmigketi verübet, auch wohl grobe und schmähsüch-*

Abb. 20: Modell einer Diligence aus der Mitte des 19. Jahrhunderts

tige Worte ausgestossen, und sonst üble Aufführung gebrauchet worden; solchen Unfug aber kein particulair Mann in seinem Hause zu dulden schuldig ist."

Briefe, die innerhalb einer bestimmten Zeit nicht abgeholt wurden, wurden dem Empfänger gegen ein Bestellgeld zugestellt.

Diese Verfahrensweise war offensichtlich allgemein üblich, bis man sie in Schleswig-Holstein vom 1. Januar 1845 an einstellte. Die Briefe wurde jetzt sofort nach der Ankunft gegen eine Gebühr von 2 Schillingen ins Haus gebracht. Auf Anordnung der Provisorischen Regierung wurde das Einziehen der Zustellgebühr jedoch 1848 wieder abgeschafft.

Was die Abfertigung eingelieferter Briefe betrifft, so war das Verfahren auch sehr umständlich, da alle zu befördernden Briefe registriert wurden.

Der ständig wachsende Briefverkehr in der ersten Hälfte des 19. Jahrhunderts und die Einführung der Bahnposten zwangen aber zu Reformen. Ab 1. Juli 1848 genügte es dann, dass die Briefe, die mit der neuen Eisenbahn befördert wurden, nur noch zahlenmäßig erfasst wurden.

Reisen mit der Post

Im 16., 17. und auch noch dem 18. und am Beginn des 19. Jahrhunderts reiste man eigentlich immer noch so, wie es schon zu Zeiten der alten Römer üblich war. Man ging zu Fuß oder benutzte das Pferd als Reittier oder vor dem Wagen. Denkt man an Reisen mit der Postkutsche vor zwei- oder dreihundert Jahren, dann weckt das bei vielen immer noch verklärte Vorstellungen vom Reisen *„hoch auf dem gelben Wagen“* (Abb. 21). Ob die Fahrgäste der Post im 17. und 18. Jahrhundert ebenso verträumt an ihre Reisen mit der Post dachten, ist eine ganz andere Frage. Reisen erforderten umfangreiche Vorbereitungen, und sie waren teuer. Darüber hinaus war es äußerst beschwerlich, und Reisen in der damaligen Zeit hielten auch vielfältige Gefahren für Leib und Leben bereit. Speziell in den Herzogtümern waren die Straßenverhältnisse miserabel, und Diebesbanden machten die Reisewege zusätzlich unsicher. Aber unabhängig von diesen Gegebenheiten schaffte das Postkurssystem auch in den Herzogtümern bis zum Ende des 17. Jahrhunderts die Möglichkeit, die wichtigsten Orte regelmäßig zu erreichen, und das zu einigermaßen kalkulierbaren, wenn auch meist nicht sehr komfortablen Bedingungen.

Noch Mitte des 18. Jahrhunderts schrieb der Schriftsteller und Physiker Georg Christoph Lichtenberg (1742–1799) über seine Reiseerlebnisse: *„Sie streichen die Postwagen rot an, als Farbe des Schreckens und der Marter, und bedecken sie mit Wachslinnen, nicht wie man glaubt, um die Reisenden gegen die Sonne und Regen zu schützen, (denn die Reisenden haben ihren Feind unter sich, das sind die Wege und der Postwagen), sondern aus derselben Ursache, warum man denen, die gehenkt werden sollen, eine Mütze über das Gesicht zieht, damit nämlich die Umstehenden die gräßlichen Gesichter nicht sehen mögen, die jene schneiden.“*

Lichtenberg war zwar mit der preußischen Post gefahren, aber in Schleswig-Holstein dürfte es eher noch schlechter gewesen sein, zumal die Wagen in dieser Zeit weitgehend gänzlich offen waren.

Reisende kamen nur langsam voran. Ein voll beladener Wagen wog schon mal bis zu 3 Tonnen, und die durchschnittliche Reisegeschwindigkeit lag bei etwa 5,5–7,5 km in der Stunde. Eine Fahrt zwischen Hamburg und Lübeck konnte es mit Pferdewechsel und Rasten auf gut 10 Stunden bringen, das allerdings auch nur bei gutem Wetter.

1. Reisen zwischen Lübeck und Hamburg

In den Hansestädten Lübeck und Hamburg nutzte man schon seit der Mitte des 17. Jahrhunderts den ohnehin erforderlichen ziemlich regelmäßig verkehrenden Fuhrverkehr zwischen den Städten auch dazu, Personen zu befördern. 1651 regelten der Rat von Hamburg und der Rat von Lübeck gemeinsam das Fuhrwesen zwischen den beiden Hansestädten in einer Fuhrordnung. Sie stattete je zehn Fuhrleute aus Hamburg und Lübeck mit dem Vorrecht der Personenbeförderung aus. Ein Wagenmeister wurde bestellt, bei dem sich die Reisenden einen Tag vor Antritt ihrer Reise anmelden mussten. Das war der Beginn der „organisierten" Personenbeförderung. Die Strecke verlief in der Regel auf der alten Heerstraße über Oldesloe. Die Wagen wurden auf dem Weg nach Hamburg in Schönberg gewechselt und benötigten im Sommer etwa einen Tag für die Strecke. Im Winter blieben die Wagen über Nacht in Schönberg, bevor sie am nächsten Morgen nach Lübeck zurückkehrten.

Es muss alles andere als vergnüglich gewesen sein, mit diesen Wagen zu reisen. Für die fahrenden Posten setzte man anfangs offene Wagen ein, die den Reisenden keinen Schutz gegen die Unbilden der Witterung boten. Die Wagen waren recht robuste Konstruktionen, die sich zunächst durch keinerlei Federung auszeichneten. Die Achsen waren starr mit dem Kasten verbunden und übertrugen jeden Schlag von den schlechten Straßen auf die Fahrgäste. Erst nach und nach traten Wagen mit Verdeck an deren Stelle. Noch später wurden die Wagenkästen an Ketten oder Riemen aufgehängt. Die Reisenden waren allerdings nur „Beiladung". In erster Linie dienten die Wagen dem Warentransport, und so waren sie denn auch entsprechend voll beladen. Für die Mitreisenden blieb nur der Platz auf oder zwischen der Ladung.

Aus dem Jahr 1766 ist der Bericht eines Engländers überliefert, der mit der Post von Hamburg nach Lübeck gereist war. Er berichtet:

„Morgens um sechs fuhr ich von Hamburg ab, und zwar mit dem gewöhnlichen Fuhrwerk dieses Landes, nemlich mit dem Postwagen, der wenig Procent besser ist als unsere Mistkarren; indessen sind doch quer über Bänke mit etwa anderthalb Fuß hoher Lehnung angenagelt. Gewöhnlich giebts auf jedem Postwagen drei solcher Bänke, deren jede drei Personen hält; übrigens aber ist der Wagen die mehrste Zeit so voll tausenderlei Sachen gepackt, daß ein Passagier oft nicht so viel Raum hat, wo er seine Füße hinsetzen kann. Ohne Leiter wäre man gar nicht imstande, herauf zu kommen. Diese Wagen fahren Tag und Nacht, bei jeder Witterung, so daß man immer gewiß ist, zu einer bestimmten Zeit das Ende der Reise zu erreichen. Sie fahren nur langsam und bedächtlich, und kaum eine Meile in der Stunde; da wo die Wege schlimm sind, wird man was rechts gerumpelt und zerstoßen. Auch ist es sehr unbequem, daß diese Fuhrwerke unbedeckt sind, weswegen man alle Witterung, Sonnengluth, Hagel, Platzregen und Schneegestöber geduldig aushalten muss. Es ist doch im Ernst befremdend, daß man in Deutschland nicht mehr für die Bequemlichkeit der Reisenden sorgt, da doch hier so sehr viel gereist wird; allein noch befremdender ist es, daß man für dieses elende Fuhrwerk eben so theuer bezahlen muss, als wir unsere bequemen Karossen in England bezahlen. So kostet mir der Weg von Hamburg nach Lübeck, der nicht mehr als acht Meilen beträgt, einen Thaler und 3 Schilling; ferner vertrink ich etwa 3 bis – 4 Schilling, und überdies erhält der Postillion noch zwei Schilling Trinkgeld für jede Station.[...]

Der Weg von Hamburg nach Lübeck ist ganz abscheulich, entweder tiefer Sand oder voll Steinen. Fast den ganzen Weg ward ich erbärmlich durchgeschüttelt und mehrentheils von allem Gepäck zum Krüppel gedrückt.“

Die Situation, wie sie hier geschildert wird, war aber wohl nicht nur auf der Strecke zwischen Hamburg und Lübeck so. Es scheint der Standard insgesamt gewesen zu sein.

2. Reisen mit der dänischen Post

Über die Straßenverhältnisse und das Reisen mit der Post in den Herzogtümern im 18. Jahrhundert kann man in einer „*Geographisch- und statistischen Beschreibung des Herzogthums Holstein*“ aus dem Jahre 1790 u. a. lesen, dass die Straßen bei „*schlechter Witterung fast unbefahrbar*“ und nur „*zum Umwerfen und Beinbrechen sehr geschickt*“ seien. Zur Post wird u. a. festgestellt: „*Das Postwesen hat nichts Vorzügliches: vors erste hat man offene Postwagen, wo man Regen, Schnee und Wind bey Tag und Nacht ausgesetzt ist, oft verstatten die Wege kein geschwindes Fortkommen*“. Auch die Postillione kommen in dieser Beschreibung nicht sehr gut weg: „*Postillione [...] die grob sind und langsam fahren, wenn sie unterwegs nicht mit Brandtwein, Toback, Bier etc. freygehalten sind. Bei jedem Wirtshaus kehren sie ein und halten sich auf [...]. Die schönen Pferde sind das rühmlichste bei dem ganzen Postwesen*“. Hinzu kam, dass der „Service“ für die Reisenden noch sehr klein geschrieben wurde. Theoretisch hörte sich alles ganz gut an. Die Stadträte hatten dafür Sorge zu tragen, dass die Fuhrunternehmer tags und nachts eine bestimmte Anzahl an Pferden im Wirtshaus der Stadt bereit hielten. In den Wirtshäuser sollten die Reisenden auch beköstigt und beherbergt werden können.

Noch 1830 rügte ein anonymer Chronist in seinen „*Patriotischen Rügen eines Holsteiners über das Post- und Poststraßenwesen in Holstein*“ das Fehlen von „*Kunststraßen*“ und den schlechten Zustand der Straßen in Holstein, die ihm das Gefühl gäben, in „*den unkultiviertesten Gegenden Polens, in Sibirien oder in den afrikanischen Sandwüsten*“ zu reisen. Er klagt über die Grobheit und Rohheit der Postillione ebenso wie über die elenden Wirtschaften, die wahre Spelunken seien, in denen man zerstoßen werde. Die Postwagen empfand er als wahre Marter- und Armesünderkarren, Rippenbrecher, in denen man mit den Unglücksgefährten wie Kieler Sprotten zusammengepackt werde.

Um u. a. solche Probleme in den Griff zu bekommen, übernahm das Generalpostamt in Kopenhagen im Jahre 1771 das Beförderungswesen in den Herzogtümern in eigene Regie.

Es wurden Extraposten in Hadersleben, Apenrade, Flensburg, Schleswig, Rendsburg, Remmels, Elmshorn und Pinneberg und später dann in Ulzburg, Bramstedt, Nortorf, Eckernförde und Husum eingerichtet.

Um die Strecken sicherer zu machen griff man auch zu ungewöhnlichen Maßnahmen wie z. B. auf der Strecke Flensburg–Apenrade: „*Gegen Ende des 18. Jahrhunderts fuhr der Postwagen Flensburg–Apenrade über Bommerlund und Bau. Es war der alte Ochsenweg, der benutzt wurde. Der Postkutscher hatte oft mit großen Schwierigkeiten auf dieser Stecke zu rechnen. Besonders bei dunkler Nacht war es nicht leicht, den richtigen Weg zu finden. Auf den unwirtlichen Heidestrecken war der Weg keineswegs abgegrenzt, und so kam es öfter vor, dass der Kutscher sich verirrte und dass der Wagen abseits des Weges im Flugsand oder Gestrüpp steckenblieb und bis zum nächsten Morgen dort bleiben musste. Die Post wurde dadurch verzögert, und für die Reisenden war die Sache auch nicht angenehm. Beim Generalpostamt in Kopenhagen gingen darüber Klagen ein, und man versuchte Abhilfe zu schaffen dadurch, dass man drei Post-Leitfeuer auf der Strecke Bommerlund–Bau für die nächtlichen Fahrten aufstellen ließ, die bei dunklen und mondlosen Nächten brennen sollten.*“ (Ein Feuer brannte nach Süden von Bommerlund, ein Feuer auf der Heide und ein Feuer nördlich von Bau.)

Nach Aufnahme der Dampfschifffahrtsverbindung Kiel–Kopenhagen (1819) beantragte ein Kieler Unternehmer zwischen Kiel und Hamburg eine Schnellpost (Diligence) betreiben zu dürfen, was ihm unter der Auflage genehmigt wurde, keine Briefpost unentgeltlich zu befördern. Als Diligencen wurden bequeme, geschlossene und gefederte Wagen eingesetzt. Allerdings bereiteten die schlechten Straßen dem Reisenden immer noch wenig Vergnügen.

Das änderte sich erst, nachdem man auch in Schleswig-Holstein begann, Chausseen anzulegen und 1832 die erste Chaussee zwischen Kiel und Altona eröffnet wurde. Jetzt konnte man größere und auch bequemere, sogar gefederte Postwagen einsetzen. Die Wagen brachten es auf diesen Straßen auf eine Stundenleistung von bis zu 10 km. Die Ankunfts- und Abfahrtzeiten ließen sich jetzt genauer einhalten. Die Reisenden hatten es auch insofern bequemer, als die Fracht in der Regel mit gesonderten Wagen transportiert wurde. Nach Eröffnung der ersten „*Kunststraße*“ zwischen Kiel und Altona benötigten die Diligencen nicht mehr 24 Stunden wie bisher, sondern 10–11 Stunden für die Strecke.

Über die Wege wird dann in der Folgezeit auch etwas günstiger geurteilt. 1847 kann man im „*Taschenbuch für Reisende*“ lesen: „*Die Wege des Landes sind in der Verbesserung begriffen, die Nebenwege nicht die schlechtesten und in den östlichen adlichen Districten regelmäßig gut.*“

Abb. 21: Preußischer Eisenbahnwagen von 1866

3. Die ersten Begegnungen mit der Eisenbahn

Die gravierendsten Änderungen vollzogen sich aber innerhalb weniger Jahrzehnte von 1830 bis 1870, in denen die Eisenbahnlinien quer durch Europa wuchsen und in denen die Segelschiffe zunehmend von den schnelleren Dampfschiffen abgelöst wurden. Das Reisen mit der neuen Eisenbahn muss die Menschen fasziniert haben. Der dänische Dichter Hans Christian Andersen, der auch häufig in Schleswig-Holstein war, soll als Zeitzeuge herangezogen werden. Er beschreibt seine ersten Eindrücke von der Eisenbahn in seinem Buch „Eines Dichters Basar" u. a. wie folgt:

„Da viele meiner Leser noch nie eine Eisenbahn gesehen haben, werde ich zunächst versuchen, diese zu beschreiben. Zuerst denken wir uns eine gewöhnlich Landstraße: diese kann geradeaus oder in Biegungen verlaufen, nach links oder nach rechts, aber sie muss eben sein, eben wie der Fußboden eines Salons. Aus diesem Grund werden über Sümpfe und tiefe Täler Brücken geschlagen, die auf starken Pfeilern stehen. Wenn die ebene Straße, auf der die Schienenspur laufen soll, fertiggestellt ist, legen wir die eisernen Geleise, welche die Räder der Wagons führen werden. Die Dampfmaschine wird am vorderen Ende des Zuges befestigt, und ein Zugführer, der weiß, wie man steuert und anhält, fährt sie. Die Waggons werden aneinandergekoppelt und mit Menschen oder Vieh gefüllt – und dann geht es los. [...] Bei der ersten Reise weiß der Reisende nicht so genau, wo er stehen darf, ohne Gefahr zu laufen, sich unter einem Wagen, einem Dampfkessel oder unter der Fracht wiederzufinden; tatsächlich steht man aber auf dem Bahnsteig völlig sicher, und die Wagen für die Passagiere fahren in einer Reihe vor, wie die Boote am Kai. [...]

Der Zug bestand aus drei Abteilungen. Die ersten beiden hatten geräumige, geschlossene Wagen, genau wie unsere Postkutschen, nur viel breiter. Die dritte Abteilung bestand aus offenen Abteilen, die auch die Ärmsten benutzen konnten, weil sie so billig waren Es kostete weniger als eine lange Reise auf der Straße, bei der man Aufenthalte für Erfrischungen und vielleicht Übernachtungen in Gasthäusern am Weg einplanen musste. Das Signal wird gegeben, aber es ist kein angenehmes Geräusch, es hört sich eher an wie der „Schwanengesang" eines Schweins, dessen Hals vom Messer durchtrennt wird. Man sitzt in den geräumigen Abteilen, der Schaffner verschließt die Türen und nimmt den Schlüssel mit. Wir können jedoch das Fenster öffnen und die frische Luft genießen, ohne Angst vor Zugluft haben zu müssen. Es ist eigentlich wie in jedem anderen Wagen auch, nur bequemer; man kann sich entspannen, wenn man zuvor eine anstrengende Reise unternommen hat.

Der erste Eindruck des Reisenden ist ein sehr sanfter Ruck im Wagen, wenn die Verbindungsketten straffgezogen werden. Die Pfeife ertönt wieder, und die Reise beginnt, zuerst sehr langsam. Die ersten Schritte sind vorsichtig, so als ob die Hand eines Kindes einen kleinen Wagen zieht. Der Zug wird schneller, jedoch ganz unmerklich; man liest sein Buch oder sieht sich die Karte an und ist sich gar nicht im Klaren darüber, dass die Reise schon richtig begonnen hat, da der Waggon wie ein Schlitten auf einem glatten Schneefeld dahingleitet. Man schaut aus dem Fenster und stellt fest, dass man davonrast wie ein galoppierendes Pferd. Das Tempo nimmt zu, man scheint zu fliegen, aber es gibt kein Rütteln, keine Zugluft, überhaupt keine der Unannehmlichkeiten, die man erwartet hatte! Was war das rote Ding, das wie ein Blitz vorbeikam? Es war einer der Wärter, der dort mit seiner Flagge stand. Und wenn man erst herausschaut! Das nächste Feld fliegt pfeilschnell vorbei, Gras und Pflanzen fließen ineinander – man hat das Gefühl, sich außerhalb des Erdballs zu befinden und dessen Umdrehung zu beobachten. Die Augen schmerzen, wenn man zu lange in dieselbe Richtung schaut; geht der Blick jedoch in etwas weitere Entfernung, bewegen sich die Dinge nicht schneller, als wir sie sehen, wenn wir mit normaler Geschwindigkeit fahren, und weiter draußen am Horizont scheint alles still zu stehen, man sieht und hat einen Eindruck von der gesamten Gegend.

Genau so sollte man durch flaches Land reisen. Die Städte scheinen dicht beieinander zu liegen, hier die eine, dort die nächste! Die gewöhnlichen Reisenden auf der Straße scheinen unbeweglich zu sein. Die Pferde vor den Kutschen heben die Hufe, scheinen sie jedoch am selben Platz wieder aufzusetzen – und schon sind wir vorbei. […] Von vielen habe ich gehört, dass mit der Eisenbahn das Ende der Poesie und Romantik des Reisens eingeläutet würde. Was das Verschwinden der Poesie beim Reisen angeht, bin ich vollständig anderer Meinung. Ganz im Gegenteil meine ich, dass in den engen, überfüllten Post- und Reisekutschen die Poesie des Reisens verlorengeht. In ihnen wird der Reisende teilnahmslos; bei besten Wetterverhältnissen plagen ihn Staub und Hitze, und im Winter sind die schlechten Straßen ein Problem."

Das Ende der alten Postkutschenromantik war eingeläutet. Seit ca. 1868 verlor der Postreiseverkehr mit Pferdeposten ständig an Bedeutung, bis eine neue Entwicklung auf diesem Sektor mit der Einführung von „Kraftomnibussen" begann. Anfang des 20. Jahrhunderts wurde in Süddeutschland die erste „Motorpostlinie" eingerichtet. Achtzig Jahre später verabschiedete sich die Post aus dem Postreisedienst. Alle von Post und Bahn damals betriebenen Busdienste wurden unter dem Dach der Deutschen Bundesbahn vereinigt.

Kraftpostsonderfahrten.

Zur Ausführung von Sonderfahrten nach selbstgewählten Zielen stehen moderne, bequem eingerichtete, schwer gepolsterte, gut gelüftete und riesenluftbereifte Postkraftomnibusse zur Verfügung, und zwar 14-, 18-, 22- und 26-Sitzer.
Fahrpreise mäßig. Bestellungen nimmt entgegen die Kraftpoststelle des Hauptpostamts, Fernrufs 6423; Auskünfte ebendaselbst und bei der Kraftwagenstelle der Oberpostdirektion — Fernruf 1873 —.

Oberpostdirektion.

Abb. 22: Einer der ersten Busse der OPD Kiel, 1923

Entwicklung der Bahnposten

Bevor die Altona-Kieler-Eisenbahngesellschaft die Genehmigung zum Bau der ersten Eisenbahnstrecke in Schleswig-Holstein erhielt, musste sie die Verpflichtung übernehmen, nach Fertigstellung der Strecke Briefe, Zeitungen und Postgüter bis zum Gewicht von 600 Pfund kostenlos zu befördern. Nach der feierlichen Eröffnung der *„König Christian VIII. Ostseebahn"* zwischen Kiel und Hamburg am 14. September 1844 nahm die Post ihre Arbeit auf dieser Strecke am 2. Oktober auf.

Ähnlich wie in Preußen ab Mai 1849 wurden auch in Schleswig-Holstein in der Zeit von 1848–1851 *„Post-Speditions-Bureaus“* in den Zügen eingerichtet, die die Post während der Fahrt bearbeiteten. Allerdings wurde diese Rationalisierung, wie viele andere auch, wieder abgeschafft, nachdem Schleswig-Holstein wieder an Dänemark gefallen war. Ab Dezember 1854 wurden in den Herzogtümern *„Bureaus“* an verschiedenen Orten wie Altona und Flensburg eingerichtet, in denen die Post bearbeitet wurde, bevor sie den *„Eisenbahn-Postführern“* in geschlossenen Beuteln für die einzelnen Bestimmungspostanstalten übergeben wurde. Wohl erst ab 1857 erfolgte die Bearbeitung der Post auch in Schleswig-Holstein in den Zügen.

Nachdem sich Preußen und Österreich im August 1865 in Gastein auf die erneute Trennung der Herzogtümer geeinigt hatten und auch das Postwesen wieder getrennte Wege gehen musste, verkehrten die *„Holsteinischen Postspeditions-Bureaus“*, wie sie inzwischen genannt wurden, auf den Strecken Altona–Rendsburg mit der Nebenstrecke Neumünster–Kiel und

König Christian VIII. Ostseebahn.

ABFAHRTSTUNDEN

vom 14. September 1844.

I. Von ALTONA nach KIEL.

Von Altona	Pinneberg	Tornesch (Uetersen)	Elmshorn	Horst	Wrist (Kellinghusen)	Neumünster	Bordesholm
8 Uhr Morg.	8¼ Uhr.	8½ Uhr.	9 Uhr.	9 Uhr.	9½ Uhr.	10¼ Uhr.	10½ Uhr.
3½ „ Nachm.	3¾ „	4 „	4½ „	4½ „	5 „	5¾ „	6 „

II. Von KIEL nach ALTONA.

Von Kiel	Bordesholm	Neumünster	Wrist (Kellinghusen)	Horst	Elmshorn	Tornesch (Uetersen)	Pinneberg
7 Uhr Morg.	7¼ Uhr.	7¾ Uhr.	8¼ Uhr.	8¾ Uhr.	9 Uhr.	9¼ Uhr.	9½ Uhr.
2½ „ Nachm.	2¾ „	3¼ „	3¾ „	4¼ „	4½ „	4¾ „	5 „

(Am 18. September, dem Einweihungstage, fallen diese Fahrten aus.)

Abb. 23: Einweihung der „Ostseebahn“ am 14. 9. 1844

Abb. 24: Ausschnitt aus der Post- und Eisenbahnkarte Deutschland, 1851

auf den Strecken Elmshorn–Itzehoe sowie Hamburg–Lübeck. Die schleswigschen „*Bureaus*" tauschten die Post mit den holsteinischen auf dem Bahnhof Büdelsdorf aus.

Schon ein knappes Jahr später, nach dem preußisch-österreichischen Bruch, wurden sämtliche Eisenbahn-Post-Bureaus unter dem „*Post-Speditions-Amt*" in Flensburg wieder zusammengeführt. Das 1864 eingerichtete „*Post-Speditions-Amt für den Schleswig-Holsteinischen Postbezirk*" wurde nach der Eingliederung Schleswig-Holsteins in den preußischen Staat in „*Königliches Eisenbahn-Post-Amt Nr. 17*" umbenannt, und zunächst am 1. 4. 1867 nach Altona und am 1. 4. 1873 nach Hamburg verlegt.

Entwicklung der Eisenbahnverbindungen im 19. Jahrhundert

Ausbau des Streckennetzes

Jahr	Schienennetz in km
1860	ca. 385
1875	659,7
1880	834
1885	1072,7
1890	1359,8
1900	1693,9
1908	2362,3
1913	2530,9

Eröffnung	Strecke
18. 9. 1844	Altona-Elmshorn–Neumünster–Kiel
25. 10. 1854	Flensburg–Eggebek–Ohrstedt–Husum–Tönning (mit Nebenstrecke: Ohrstedt–Klosterkrug–Rendsburg)
15. 10. 1857	Glückstadt–Itzehoe
2. 5. 1858	Klosterkrug–Schleswig
15. 4. 1864	Flensburg–Rothenkrug
31. 5. 1866	Neumünster–Ascheberg–Plön–Eutin–Neustadt
31. 5. 1866	Kiel–Ascheberg
1. 11. 1866	Rothenkrug–Vamdrup

26. 5. 1867	Tingleff–Tondern
10. 4. 1873	Lübeck–Eutin
10. 12. 1875	Neumünster–Segeberg-Oldesloe
22. 8. 1877	Neumünster–Heide–Karolinenkrug (Tönning)
1. 11. 1878	Itzehoe–Heide
1. 7. 1881	Kiel–Eckernförde
1. 10. 1881	Neustadt–Oldenburg
21. 12. 1881	Eckernförde–Schleswig–Flensburg
15. 11. 1887	Heide–Husum–Niebüll–Süderlügum–Hvidding
17. 1. 1898	Oldenburg–Heiligenhafen
15. 7. 1901	Flensburg–Gravenstein–Sonderburg
15. 10. 1904	Kiel–Rendsburg
1. 9. 1910	Rendsburg–Husum

Die Zeit der selbständigen schleswig-holsteinischen Post

Während der schleswig-holsteinischen Erhebung 1848-1851 gab es in Schleswig-Holstein eine wirklich eigenständige Post. Am 28. März 1848, wenige Tage nach der Bildung der Provisorischen Regierung, wurde Dr. Wilhelm Ahlmann zum Chef des neu geschaffenen „Bureaus für das Postwesen" ernannt, das dem Departement der Finanzen unterstellt wurde.

Zunächst richteten sich Ahlmanns Bemühungen darauf, möglichst alles zu beseitigen, was den Postverkehr lähmen könnte. Unter anderem wurde der „*Postdebit*" – der Zeitungsvertrieb durch die Post – zu dem bisher nur wenige ausgewählte Zeitungen zugelassen waren, auf alle Zeitungen ausgeweitet. Seit 1849 setzte dann die systematische Umgestaltung des gesamten Postwesens ein. Während bisher die Briefe einzeln nach Empfänger usw. in die Briefkarten eingetragen worden waren, erfolgte die Kartierung nun nur noch summarisch, und das Postkurswesen wurde in allen Teilen dem Bedarf angepasst. Völlig neu für Schleswig-Holstein waren die Aufstellung von Briefkästen, die Einführung des Landbriefbestelldienstes, der allerdings nicht voll umgesetzt werden konnte, sowie der Nachnahme- und Postanweisungsverkehr. Ein neues Postgesetz wurde ausgearbeitet, die Taxen wurden ermäßigt und die Berechnung vereinfacht, ebenso wie die Zahl der Entfernungs- und Gewichtsstufen verringert wurde und Freimarken, die sogenannten „*Postschillinge*", eingeführt wurden.

Alles in allem war Ahlmann bestrebt, eine moderne Post zu schaffen und deren Anschluss an Deutschland herzustellen. Eine Reihe von Verträgen wurden mit einzelnen deutschen Staaten abgeschlossen. Insbesondere pflegte Ahlmann aber Kontakte zur preußischen Post. Als am 6. April 1850

Abb. 25 a-h: Postuniformen nach dem Reglement der Provisorischen Regierung vom 8. Juli 1848 (a–d) und nach dem Reglement vom

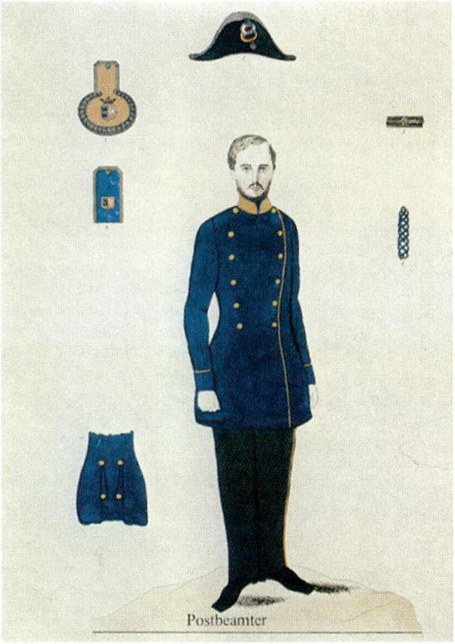

9. April 1850 (e–h). a. Postinspektor oder Postmeister; b. Briefträger, Wagenmeister; c. Postillion; d. Postillion; e. Postbeamter; f. Briefträger; g. Postillion; h. Postfußbote

zwischen Österreich und Preußen der Vertrag zur Gründung des Deutsch-Österreichischen Postvereins geschlossen wurde, schickte das schleswig-holsteinische Departement der Finanzen Ahlmann zu Verhandlungen über einen Beitritt Schleswig-Holsteins nach Berlin. Als Ergebnis der Verhandlungen trat Holstein noch im gleichen Jahr, am 1. Juli, dem Postverein bei, während die anderen deutschen Staaten wie Mecklenburg-Schwerin, Oldenburg, Bremen, Hannover, Braunschweig etc. erst im Laufe des Jahres 1851 Mitglieder wurden.

Dem Postverein gehörten neben Österreich auch seine außerhalb des Deutschen Bundes gelegenen Länder Ungarn, die Lombardei und Venetien an. Der Postverein umfasste ein ungeteiltes Postgebiet von 21 478 Quadratmeilen mit rund 72 Mio. Einwohnern.

Obwohl die politischen Verhältnisse sich auf den Postverkehr lähmend auswirkten und die durchgeführten Gebührensenkungen zu einer Verminderung der Einnahmen führten, war die schleswig-holsteinische Post offensichtlich ein sehr gesundes Unternehmen. So erwirtschaftete die Post für das Jahr 1851 beispielsweise einen Überschuss von rund 100 000 Mark Courant.

Die Neuerungen innerhalb der schleswig-holsteinischen Post in den Jahren der Erhebung hatten das Postwesen wohl nahezu auf den Stand der damals vorbildlichen preußischen Post gebracht. Nach der Wiedereingliederung in den dänischen Staat allerdings wurden die Neuerungen weitgehend wieder zurückgenommen.

Die ersten Briefmarken in Schleswig-Holstein

Der Siegeszug der Briefmarken nahm nach der großen englischen Postreform von 1840 mit der Herausgabe der ersten 1-Penny-Briefmarke am 1. Mai 1840 in Großbritannien seinen Anfang. In Deutschland kam mit der schwarzen 1-Kreuzer-Marke die erste Briefmarke am 1. November 1849 im Königreich Bayern heraus, gefolgt am 29. Juli 1850 von dem „*Roten Sachsen-Dreier*“, und schon an dritter bzw. vierter Stelle stehen am 15. November 1850 Preußen und Schleswig-Holstein. In Dänemark erschienen die ersten Freimarken am 1. April 1851. Das in der damaligen Zeit führende Postunternehmen Thurn und Taxis folgte mit der Ausgabe seiner ersten Marken sogar erst am 1. Januar 1852. Während in den Herzogtümern die ersten Briefaufgabestempel mit Ortsbezeichnungen der Postämter sowie Angabe von Tag, Monat und Jahr bereits 1820 aufkamen, dauerte es bis zur Ausgabe der ersten „*Frankirungsmarken*“ noch drei Jahrzehnte. Als Bayern 1849 die ersten Briefmarken herausbrachte, entwarf Dr. Wilhelm Ahl-

Abb. 26 (links): Bleistiftentwurf der Postschillinge von Dr. Wilhelm Ahlmann; Abb. 27 (Mitte): Der erste „Postschilling“ (Mi. Nr. 1); Abb. 28 (rechts): Delirungsstempel

mann eigenhändig, vermutlich nach bayerischen Vorlagen, eine Bleistiftzeichnung für eine schleswig-holsteinische „*Frankirungsmarke*“. Um seine Idee möglichst schnell in die Realität umzusetzen, ließ er unverzüglich einen Gesetzentwurf zur Einführung der neuen Marken erarbeiten. Schon am 26. März 1850 beschloss die neue Landesversammlung die Annahme des Gesetztes, das am 2. April im Amtsblatt veröffentlicht wurde und in dem es u. a. heißt: „*Das Departement der Finanzen wird ermächtigt, die Anfertigung von Marken oder Postschillingen zu veranlassen, mittels deren Befestigung auf dem Briefe das Frankiren nach Maßgabe der Post-Taxe bewirkt werden kann. Diese Marken tragen das Schleswig-Holsteinische Wappen (...).*“

Am 5. Juli 1850 wurde die Buchdruckerei Köbner & Lehmkuhl in Altona mit der Herstellung von Probedrucken beauftragt. Insgesamt sind ca. 80 Probedrucke bekannt, sogenannte Essais, die durch die Firma zur Begutachtung vorgelegt wurden. Nach deren Prüfung erhielt die Druckerei am 20. Oktober 1850 den Auftrag über die Lieferung von insgesamt 2 Mio. Marken zu je „*achtzig auf einem Quartbogen*“. Wegen der Fälschungsgefahr wurden die Marken auf sogenanntem Dickinsonschen Seidenpapier gedruckt, in das zusätzlich ein Seidenfaden eingelassen war. In der „*Bekanntmachung, die Einführung der Frankirungsmarken ‚Post-Schillinge‘ betreffend*“ vom 5. November 1850 heißt es u. a.:

„§ 1
Vom 15. November d. J. an werden in den Postanstalten Frankirungsmarken Postschillinge zum Verkauf vorräthig seyn. Diese Marken tragen das Schleswig-Holsteinische Wappen, die Inschrift Post-Schilling und in den Ecken in vier weißen Feldern die Buchstaben S und H sowie die Zahl, deren Werth sie in Schillingen Schleswig-Holsteinischen Courants darstellen.

Abb. 29 (links): Marke von 1864 (Mi. Nr. 5); Abb. 30 (Mitte): Ausgabe von 1864 in dän. Währung (Mi. Nr. 3); Abb. 31 (rechts): Erste Marke des Norddeutschen Postbezirks von 1868

§ 2
Nur Briefe (nicht Paquete und Convolute, welche zur Fahrpost gehören) können durch Marken frankirt werden. Die Frankirung wird bewirkt durch Befestigung so vieler Postschillinge, als das tarifmäßige Porto beträgt, auf der Adreßseite des Briefes, in der oberen Ecke links, vermittels Anfeuchtung des auf der Rückseite der Marken befindlichen Leims und Andrücken derselben."

Nach der verlorenen Schlacht bei Idstedt am 25. Juli 1850 befand sich Schleswig wieder vollständig in dänischer Gewalt. Die Postverwaltung, die sich immer noch „schleswig-holsteinisch" nannte, war auf Holstein beschränkt, so dass die neuen Marken auch nur hier erscheinen konnten.

Durch den Beitritt Schleswig-Holsteins zum deutsch-österreichischen Postverein am 1. Juli 1850 wurden ab 1. 1. 1851 neue Briefgebühren erforderlich, da es nur noch zwei Tarifzonen gab. Ein Brief bis zu 5 Meilen Entfernung kostete 1, darüber hinaus 2 Schillinge für den einfachen Brief bis zu einem Lot (= ca. 15 g) Gewicht. Dementsprechend wurden auch nur 2 Werte ausgegeben: 1 Schilling in blauer und 2 Schilling in rosa Farbe (S-H Mi. Nr. 1 u. 2, Schleswig-Holstein). Zur Entwertung der Marken wurden besondere *„Delirungsstempel"* (von lat.: delere = tilgen) benutzt, die in der Mitte eine für jedes Postamt festgelegte Ziffer zwischen 1 und 50 trugen (so z. B. für Altona 3, für Hamburg 12, für Wandsbek 37, für Bramstedt 6, für Kiel 18, die Postexpedition auf dem Kieler Bahnhof 19). Die Postbediensteten waren schon damals offensichtlich sehr gründlich, so dass es nur sehr wenige Marken gibt, auf denen der Stempelabdruck Wesentliches von den Marken sichtbar gelassen hat.

Das Zwischenspiel mit eigenen *„Frankirungsmarken"* war aber nur von kurzer Dauer. Am 1. Februar 1852 befanden sich beide Herzogtümer wieder unter dänischer Oberhoheit.

Schon am 22. März 1851 hatte die oberste dänische Civilbehörde angeordnet, dass alle schleswig-holsteinischen Wappen zu verschwinden hätten. Auch die Ausgabe der Post-Schillinge, die ja das Wappen trugen, musste damit eingestellt werden. Eine Weiterverwendung fand allerdings bis zum Abzug der österreichischen und preußischen Truppen im April 1852 noch statt.

Die neuen Marken scheinen sich jedoch nur schwer durchgesetzt zu haben. Nach einer Zusammenstellung von Hans Hübner im Archiv für deutsche Postgeschichte wurden von November 1850 bis zum August 1851 insgesamt nur 8701 Briefe mit den Postschillingen frankiert. Die Masse der Briefe wurden nach wie vor unfrei versandt oder bar bezahlt. Nach Hübner wurden vom 1. Januar 1851 bis 31. August 1851 707 846 Briefe unfrei versandt und 443 657 Briefe bar bezahlt, wohingegen in dieser Zeit nur 6589 Briefe mit Marken freigemacht wurden.

Der dänische Reichsrat nahm am 13. November 1863 die sogenannte „*Novemberverfassung*“ an, deren Ziel es war, Schleswig dem dänischen Staat einzuverleiben. Damit wurde der Londoner Vertrag von 1852 gebrochen, der den Gesamtsstaat wiederhergestellt hatte. Nachdem König Christian IX. diese Verfassung trotz Bedenken am 18. November 1863 unterzeichnet hatte, forderten die mit der Bundesexekution beauftragten Staaten Hannover und Sachsen die Dänen am 15. Dezember auf, Holstein binnen einer Woche zu räumen. Am 19. Dezember besetzten österreichische Truppen Hamburg, und am 24. räumten dänische Truppen Altona, während Lauenburg und Holstein von sächsischen, hannoverschen, preußischen und österreichischen Truppen besetzt wurden. Auch das preußisch-österreichische Ultimatum, die „*Novemberverfassung*“ zurückzunehmen, ließ Dänemark ungenutzt verstreichen. Daraufhin stießen preußische und österreichische Truppen am 1. Februar 1864 über die Eider in das Herzogtum Schleswig vor und bezwangen Dänemark innerhalb weniger Monate. Im Frieden zu Wien vom 30. Oktober 1864 musste Dänemark die Herzogtümer und Lauenburg an die Sieger abtreten.

Die Auseinandersetzungen mit Dänemark zeigten postgeschichtlich unmittelbar Wirkung. Schon im Januar 1864 wurde das Postwesen Lauenburgs und Holsteins der neu errichteten Landesregierung in Kiel unterstellt. Dort wurden, wie auch im Bereich des Herzogtums Schleswig, die dänischen Briefmarken zunächst weiter benutzt, soweit der Vorrat reichte. Mit Ablauf des Februar 1864 verloren die dänischen Marken dann aber ihre Gültigkeit, und ab 1. März 1864 wurden die neuen schleswig-holsteinischen Briefmarken (Mi. Nr. 5 u. 6) ausgegeben. Die neuen Marken wurden wie die ersten Postschillinge von 1850 auch von der Altonaer Druckerei Köbner & Lehmkuhl hergestellt. Im Mai 1864 erschien dann die blaue $1^1/_4$-Schilling-Marke (Mi. Nr. 7). Beide Ausgaben besaßen zunächst nur in Lauenburg und Holstein Gültigkeit. In Schleswig erschien kurz nach dem Einmarsch der Österreicher und Preußen eine in Berlin hergestellte karminrote 4-Schilling-Marke dänischer Währung (Mi. Nr. 3), und wenig später wurde eine grüne Marke mit 1¼ Schilling-Courant hamburgisch ausgegeben (Mi. Nr. 4). Beide Marken stellten den gleichen Wert dar und waren bis zum 31. 10. 1865 gültig.

Durch die geänderten Postverhältnisse gab es auch Neuerungen in der Portoordnung. So wurde das Porto für Stadt- und Lokalbriefe reduziert, allerdings ohne dafür entsprechende Marken zu drucken. Vom 23. Juni 1864 an durften daher im Verkehr zwischen Altona und Hamburg und im Ortsverkehr in Altona wegen des um die Hälfte reduzierten Gebührensatzes Marken geklebt werden, die von einer Ecke zur gegenüberliegenden halbiert waren. Im September wurde diese Möglichkeit auch in Kiel und vom Januar 1865 an in allen holsteinischen Postanstalten möglich. Die Regelung blieb bis Ende März 1865 in Kraft.

Im Vertrag von Gastein vom 14. 8. 1865 einigte man sich darauf, dass Schleswig von Preußen und Holstein von Österreich verwaltet werden sollte. Lauenburg wurde gegen eine Entschädigung an den preußischen Staat abgetreten. Eine erneute Trennung der Postverwaltungen war die Folge. Innerhalb der Landesregierung in Kiel wurde eine „Abteilung für das Postwesen“ und in Schleswig eine „Schleswigsche Postdirektion“ gebildet. Für das Lauenburger Postwesen wurde das Postinspektorat in Ratzeburg unter der oberen Leitung des Königlich Preußischen Generalpostamts in Berlin eingerichtet. Es wurden nun wieder Briefmarken mit der Aufschrift „Schleswig-Holstein“ (Mi. Nr. 8–12) ausgegeben, die auch in Lauenburg verkauft wurden. Diese verloren ihre Gültigkeit am 31. 12. 1865. Die Landesteile gaben wieder ihre eigenen Marken heraus mit der Inschrift: *„HERZOGTH. SCHLESWIG“* (Mi. Nr. 13–18) bzw. *„HERZOGTH. HOLSTEIN“* (Mi. Nr. 19–25). Die Schleswiger Marken wurden durch die preußische Druckerei in Berlin und die Holstein-Marken wieder durch die Altonaer Druckerei Köbner & Lehmkuhl hergestellt. Die anfangs auch für Lauenburg geplanten eigenen Briefmarken wurden nicht ausgegeben. Hier behielten zunächst die Schleswigschen Marken (Mi. Nr. 3 u. 4) und die Marken mit der Inschrift „Schleswig-Holstein“ ihre Gültigkeit bis zum Ende des Jahres 1865. Ab 1. 1. 1866 galten hier nur noch preußische Marken.

Mit dem Rückzug Österreichs aus Holstein und dem Abschluss des Prager Friedens vom 23. August 1866 wurden die Herzogtümer Holstein und Schleswig am 24. Dezember 1866 mit dem preußischen Staat vereinigt. In Holstein wurden die meisten der am 31. 10. 1865 für ungültig erklärten Marken erneut gültig, wie auch die während der getrennten preußisch-östereichischen Verwaltung ausgegebenen Marken in ganz Schleswig-Holstein verwendet werden konnten. Ab Februar 1867 waren dann auch die ersten preußischen Marken in der neuen Provinz gültig.

Aber schon kurze Zeit später wurde ein neues Kapitel eingeläutet. Nach Gründung des *„Norddeutschen Bundes“* und der Verabschiedung einer Verfassung am 1. Juli 1867 nahm die neu geschaffene *„Norddeutsche Bundespost"* am 1. Januar 1868 ihre Arbeit auf. Am Tag zuvor verloren alle preußischen und schleswig-holsteinischen Marken ihre Gültigkeit, und ausschließlich die Marken des *„Norddeutschen Postbezirks"* hatten Gültigkeit, bevor ab dem 4. Mai 1871 die gesamte Post auf die *„Kaiserliche Reichspost"* überging. Ein abwechslungsreiches und philatelistisch interessantes Kapitel in der Briefmarkengeschichte in Norddeutschland war beendet.

Die Briefmarken der Hansestadt Lübeck

Lübeck ebenso wie Hamburg hat sich relativ spät entschlossen, Briefmarken herauszugeben. Erst am 1. Januar 1859 gab es für die Stadtpost die ersten eigenen Briefmarken zu $^1/_2$–4 Schilling (Mi. Nr. 1–5, Lübeck). Gedruckt wurden die Marken in Bogen zu je 100 Stück auf Papier, das zum Teil eine fünfblättrige Blüte als Wasserzeichen hatte. Sie waren aber an den Rändern noch nicht gelocht, sondern mussten mit der Schere auseinandergeschnitten werden. Die Marken wurden schnell zu Sammlerobjekten u. a. im Ausland. Englische Händler, denen die Marken zu teuer waren, druckten die leicht zu fälschenden Marken 1862 in London nach, so dass Lübeck sich gezwungen sah, 1863 neue Marken (Mi. Nr. 8–12) auszugeben, die in der preußischen Staatsdruckerei hergestellt wurden. Diese neuen Marken, die am 29. Juni 1863 ausgegeben wurden, waren an den Rändern bereits durchstochen, um das Trennen zu erleichtern. Neben den Briefmarken gab es bei der Stadtpost auch Briefumschläge mit eingedruckten Wertstempeln. Nach einer Gebührensenkung für Briefe nach Bergedorf und Hamburg erschien 1865 ein violetter Ergänzungswert zu 1$^1/_2$ Schilling (Mi. Nr. 14).

Nach Umwandlung des Lübecker Stadtpostamtes in ein *„Norddeutsches Bundes-Oberpostamt"* am 1. Januar 1868 verloren auch die Lübecker Briefmarken ihre Gültigkeit.

Die Restbestände von ca. 578 000 Briefmarken und 53 000 Briefumschlägen wurden, nach Abzug von je 500 Stück jeder Art, für das Berliner General-Postamt an einen Pariser Briefmarkenhändler Taler verkauft.

Insgesamt waren in Lübeck in den Jahren 1859–1865 vier verschiedene Motive auf 14 Briefmarken in Wertstufen zwischen $^1/_2$ und 4 Schilling ausgegeben worden.

Das Postwesen nach 1852

Die schleswig-holsteinische Bewegung gegen Dänemark, die von Preußen, Hannover und Braunschweig unterstützt worden war, hatte die preußisch-

Abb. 32: Dänische Postuniformen des 19. Jahrh.: Kopenhagener Fußbote (1806), Postillion (1839), Postillion (1843), Briefträger (1851), Postillion (1889), Briefträger (1889)

dänischen Verkehrsbeziehungen auseinandergerissen, und so war u. a. die holsteinische Postfrage nach der Wiederherstellung des dänischen Gesamtstaates von besonderer Bedeutung. Im Februar 1852 beauftragte die preußische Regierung ihren Gesandten in Kopenhagen, eine ausdrückliche Erklärung der dänischen Regierung darüber herbeizuführen, ob das Herzogtum Holstein im Deutschen Postverein bleiben werde. Dänemark verneinte die Anfrage. Der Gesandte berichtete nach Berlin, dass „*eine gereizte Empfindlichkeit der dänischen Regierung über den Umstand vorwalte, dass der Holsteinische Postbevollmächtigte den Anschlußvertrag ohne Vorwissen des landesherrlichen Commissairs und ohne vorherige Einholung der Vollmachtsgenehmigung des Souverains abgeschlossen habe*". Trotz diplomatischer Aktivitäten, denen sich auch Österreich anschloss, änderte Dänemark seine Haltung nicht.

Das Postwesen wurde ab April wieder von der „*Generalpostdirektion*" in Kopenhagen übernommen. Die Reformen in der Post wurden beseitigt. Nach und nach traten aber auch unter der dänischen Postverwaltung bedeutsame Änderungen im Postwesen ein, die allein schon durch die steigende Einwohnerzahl und den damit steigenden Postverkehr erforderlich wurden.

So wurden u. a. die Einzelkartierung der Briefe aufgehoben, wie Ahlmann es bereits eingeführt hatte, und für das gesamte dänische Staatsgebiet ein Einheitsporto eingeführt. Ein frankierter Brief kostete danach 4 Reichsbank-Schillinge. Darüber hinaus wurden ab 1860 die ersten Landpostbotengänge eingerichtet.

Die Jahre bis 1864 sind dann gekennzeichnet von einer Reihe von Postkonventionen Dänemarks mit deutschen Einzelstaaten und europäischen Ländern. So wurden u. a. mit Hamburg, Lübeck und der Thurn- und Taxisschen Post Konventionen geschlossen. Besonders beeinflusst wurde das Postwesen aber durch den schnellen Ausbau des Eisenbahnstreckennetzes und den verstärkten Einsatz von Dampfschiffen.

Am bedeutsamsten war 1856 die Eröffnung der Eisenbahnstrecke Kopenhagen–Korsör, die Korsör zum Knotenpunkt der Post von und nach Seeland machte. Von nun an verkehrte ein Postdampfer zwischen Korsör und Kiel mit Anschluss an die Eisenbahn nach Altona (vgl.: S. 26).

Die Post nach 1864

In der Zeit zwischen dem Beginn des deutsch-dänischen Krieges 1864 und der Annexion der Herzogtümer durch Preußen 1867 war auch das Postwesen von ständigem Wandel bestimmt.

Von 1863 bis 1864 gab es eine vom Deutschen Bund eingesetzte Regierung, die ein „*Postbureau*“ für Holstein und Lauenburg eingerichtet hatte, während im Herzogtum Schleswig eine österreichisch-preußische Zivilbehörde bestand, die ein „*Postinspektorat*“ unterhielt.

Für die Post hatte das die Bildung einer „*Schleswig-Holsteinischen Oberpostinspektion*“ bei der „*Herzoglichen Landesregierung*“ in Kiel zur Folge, die mit folgender Bekanntmachung vorgestellt wurde:

„Die nach Bekanntmachung der Herren Bundescommissaire vom 6. Januar d. J. der Herzoglichen Landesregierung in Kiel übertragene Verwaltung des Holsteinischen Postwesens wird aus dem Geschäftskreis der Herzoglichen Landesregierung ausgeschieden und gemeinschaftlich mit der Verwaltung des Schleswigschen Postwesens unter eine besondere unserer unmittelbaren Aufsicht unterstehende Behörde gestellt, die unter der Bezeichnung „Schleswig-Holsteinische Ober-Post-Inspection,“ ihren Sitz in Kiel nehmen soll.

Zum Chef dieser Behörde ist der seitherige Schleswigsche Post-Inspector ernannt worden, der, sobald er die Geschäfte von der Landesregierung übernommen hat, sämtliche der Ober-Post-Inspection untergeordneten Postbehörden unmittelbar davon in Kenntnis setzen wird.

Flensburg, den 11. Dezember 1864

Die Kaiserlich Königlich Österreichische und Königlich Preußische oberste Civilbehörde der Herzogtümer Schleswig-Holstein und Lauenburg“

Verordnungsblatt

für

Schleswig-Holstein.

16tes Stück. Kiel, den 28. December. **1866.**

№ 81. Allerhöchste Ordre, betreffend die Vereinigung des Postwesens in den Herzogthümern Schleswig und Holstein mit dem in den alten Preußischen Landestheilen.

Auf den Bericht des Staats-Ministeriums vom 17. December d. J. genehmige Ich, daß mit der vom 1. Januar 1867 ab stattfindenden Vereinigung des Postwesens in den Herzogthümern Schleswig und Holstein mit dem in den alten Preußischen Landestheilen, in der Stadt Kiel eine Ober-Post-Direction mit den Pflichten und Befugnissen der in Preußen bereits bestehenden gleichartigen Behörden eingerichtet und dem Ministerium für Handel, Gewerbe und öffentliche Arbeiten unmittebar untergeordnet werde; daß die Bestimmungen des Preußischen internalen Porto-Tarifs und Zeitungs-Provisions-Tarifs auf den Austausch zwischen den alten Preußischen Landestheilen und dem bisherigen Schleswig-Holsteinischen Postbezirk ausgedehnt werden, daß die der Preußischen Postverwaltung gesetzlich ertheilte Ermächtigung, über gewisse Gegenstände des Versendungs- und Reise-Verkehrs im Wege des Reglements die erforderlichen Vorschriften zu treffen, ferner die dem Chef des Preußischen Postwesens zustehende Befugniß in Ansehung des Portofreiheits-Wesens und die von der Preußischen Post-Verwaltung geübte Befugniß zur Ernennung und Anstellung von Beamten in gleichem Umfange bei der Erweiterung des Postwesens auch in den Herzogthümern Schleswig-Holstein in Anwendung kommen.

Berlin, den 19. Decemmber 1866.

Gez. **Wilhelm.**

Gegz. Graf von Bismarck, Frhr. v. d. Heydt, von Roon, Grf. von Itzenplitz, von Mühler, Grf. zur Lippe, von Selchow, Grf. zu Eulenburg.

An das Staats-Ministerium.

Vorstehende Allerhöchste Ordre wird in Gemäßheit desfälligen Auftrages des Königlichen Ministeriums der auswärtigen Angelegenheiten hiemittelst zur Nachachtung für Alle, die es angeht, zur öffentlichen Kunde gebracht.

Oberpräsidium für Schleswig-Holstein, Kiel, den 27. December 1866.

C. Scheel-Plessen.

Abb. 33: „Allerhöchste Ordre, betreffend die Vereinigung des Postwesens in den Herzogtümern", 1866

Erster „*Chef dieser Behörde*" wurde „*der seitherige Schleswigsche Post Inspector*" Friedrich Ludwig Otto Zschüschner.

Aber auch sonst hatte die politische Entwicklung Auswirkungen. Mit dem Einmarsch der Bundestruppen waren die Postverbindungen nach Dänemark unterbrochen worden. Mit Unterstützung des Vorstehers des dänischen Oberpostamts in Hamburg, Carl Christian Frederik Graf Holck, wurden sie aber bereits im Januar 1864 durch Nutzung der Dampfschiffsverbindung von Lübeck aus wiederhergestellt.

Für das Lauenburger Postwesen wurde ab 17. November das *„Postinspektorat“* in Ratzeburg unter der oberen Leitung des *„Königlich Preußischen Generalpostamts“* in Berlin gebildet.

Aber auch die neuerliche Trennung zwischen den Herzogtümern war von kurzer Dauer. Im Juni 1866 kam es zum Bruch Österreichs mit Preußen. Österreich beantragte, die Angelegenheiten der Herzogtümer der Beschlussfassung des Bundes zu überweisen. Preußen besetzte daraufhin Holstein. Noch bevor der Krieg überhaupt entschieden war, zog bereits am 11. Juni 1866 Carl von Scheel-Plessen als neuer Oberpräsident im Kieler Schloss ein. Erst im Prager Frieden vom 23. August 1866 übertrug dann der österreichische Kaiser seine Rechte an den Herzogtümern Holstein und Schleswig auf den König von Preußen.

In der neuen Regierung gab es ab dem 21. Juni 1866 eine *„Oberpostdirektion für Schleswig-Holstein“*, die zunächst in Schleswig eingerichtet wurde, und nachdem das „Postinspektorat“ für Lauenburg am 15. Dezember 1866 aufgehoben worden war, wurde die Post des Herzogtums Lauenburg ebenfalls unter die Verwaltung der *„Ober-Postdirection für Schleswig-Holstein“* gestellt. Am 19. Dezember 1866 erließ der preußische König Wilhelm I. dann eine *„Allerhöchste Ordre, betreffend die Vereinigung des Postwesens in den Herzogtümern Schleswig und Holstein mit den anderen alten Preußischen Landestheilen“*. Darin hieß es: *„Auf den Bericht des Staats-Ministeriums vom 17. December d. J. genehmige Ich, daß mit der vom 1. Januar ab stattfindenden Vereinigung des Postwesens in den Herzogthümern Schleswig und Holstein mit dem in den alten Preußischen Landestheilen, in der Stadt Kiel eine Ober-Post-Direction mit den Pflichten und Befugnissen der in Preußen bereits bestehenden gleichartigen Behörden eingerichtet und dem Ministerium für Handel, Gewerbe und öffentliche Arbeiten unmittelbar untergeordnet werde“*. Oberpostdirektionen gab es in Preußen bereits seit 1850. Es muss wohl eine effektive Einrichtung gewesen sein, denn diese Form der Verwaltung der Post hat sich durch die preußische, die Zeit des Norddeutschen Bundes, die Zeit der Reichspost bis zur Bundespost erhalten.

Mit Wirkung vom 10. September 1868 wurden in Schleswig-Holstein 15 *„Postämter 1. Klasse“* gebildet (Hadersleben, Apenrade, Sonderburg, Tondern, Flensburg, Schleswig, Eckernförde, Kiel, Rendsburg, Eutin, Itzehoe, Altona, Lauenburg, Mölln, Ratzeburg). Daneben gab es weitere 24 *„Postämter 2. Klasse“* und 29 *„Postexpeditionen“*. Letzte Stufe in der Gliederung bildeten die 121 *„Briefsammelstellen“*. Postämter I. Klasse wurden von kündbar angestellten Fachbeamten (Postexpediteuren), Postämter II. Klasse von nebenamtlich tätigen Ortseinwohnern (Postexpedienten) geleitet.

Abb. 34: Heinrich von Stephan (1831–1897)

Schleswig-Holstein im Norddeutschen Postbezirk und in der Deutschen Reichspost bis 1918

Die Einrichtung der Territorialposten, die in Deutschland über zwei Jahrhunderte bestanden hatte, fand durch die staatsrechtliche Neugestaltung, wie sie mit dem Norddeutschen Bund geschaffen wurde, ein Ende. Ein neuer deutscher Staat begann sich abzuzeichnen. 1866 hatte sich der Deutsche Bund aufgelöst. Unter der Führung Preußens entstand der Norddeutsche Bund. Am 1. Juli 1867 erlangte die Verfassung des Bundes Gesetzeskraft, aber erst am 1. Januar 1868 nahm die Norddeutsche Bundespost ihre Arbeit auf. Zum einen erforderte die Verschmelzung der zahlreichen bisher selbständigen Landesposten einen großen organisatorischen Aufwand, zum anderen musste nach Ende des deutsch-österreichischen Postvereins das Verhältnis der Norddeutschen Bundespost zu den süddeutschen Verwaltungen auf eine neue Grundlage gestellt werden.

Nach der politischen Gliederung des Norddeutschen Bundes erstreckte sich seine Postverwaltung auf 22 selbständige deutsche Staaten und markiert so einen wichtigen Schritt auf dem Wege zur größeren, nicht nur postalischen Einheit Deutschlands. Die Zahl der selbständigen Postgebiete in Deutschland hatte sich auf fünf reduziert: Norddeutschland, Bayern, Württemberg, Baden und Luxemburg.

Nach Aufnahme ihrer Tätigkeit setzte sich das Verkehrsgebiet der Norddeutschen Bundespost wie folgt zusammen:

	Quadratmeilen	Einwohner
Preußische Post mit Anhalt und Waldeck-Pyrmont und unter Einschluss von Hannover, Schleswig-Holstein u. Lauenburg	6103	22 814 741
Thurn- und Taxissches Postgebiet mit Hohenzollern, Großherzogtum Hessen, Freistadt Frankfurt, Nassau, Hessen-Homburg, Sachsen-Weimar-Eisenach, Sachsen-Coburg-Gotha, Reuß ä. L., Reuß j. L., Schwarzburg-Rudolstadt, Schwarzburg-Sondershausen, Lippe und Schaumburg	658	3391028
Sächsische Post mit Sachsen-Altenburg	296	2564827
Mecklenburg-Schwerin und -Strelitz	291	659388
Oldenburg	107	279954
Braunschweig	67	302792
Lübeck	5	48538
Hamburg	7	305196
Bremen	5	109572
Zusammen:	7539	30476036

Abb. 35: Posthausschild der Norddeutschen Bundespost

Abb. 36: Posthausschild der Kaiserlichen Post

Abb. 37: Säulenbriefkasten der Reichspostverwaltung, ca. 1900

Blatt I

GEHEIMER - POSTRATH OBER - POSTDIREKTOR

Blatt II

POST - DIREKTOR POST - SEKRETAIR

Blatt III

BUREAU-ASSISTENT POSTAMTS - ASSISTENT

Blatt IV

POST PACKMEISTER POSTUNTERBEAMTE
im PALETOT

Verlag von EMIL KUHN in Berlin

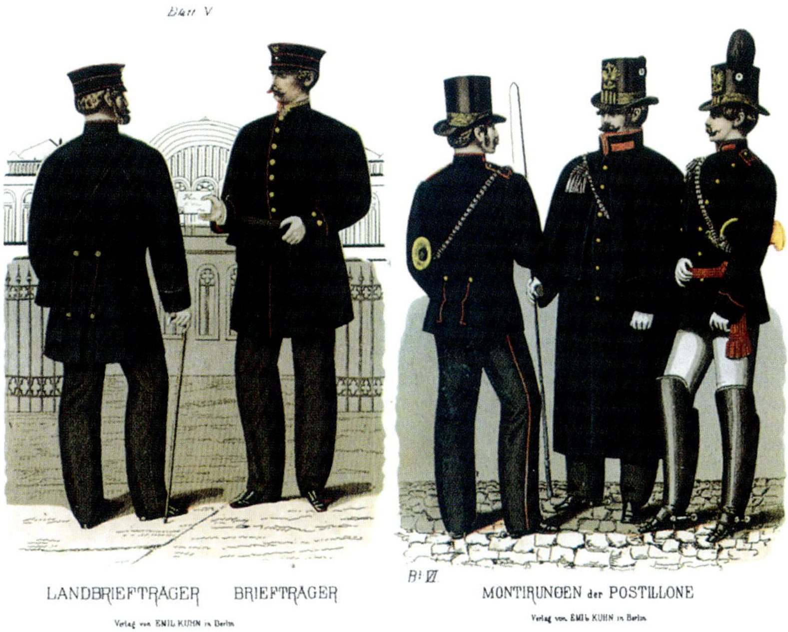

Abb. 38a–c: Galauniformen der Postbediensteten der Kaiserlichen Reichspost

Vom 1. Januar 1868 an gab es keine „*Königlich Preußische Oberpostdirektion*“ mehr. Das Postwesen wurde dem „*General-Postamt des Norddeutschen Bundes*“ in Berlin übertragen.

Mit der Schließung des dänischen Postamtes in Lübeck am 1. Mai 1868 und des schwedischen Postamts in Hamburg am 1. April 1869 gab es in Deutschland keine ausländischen Postämter mehr.

Am 26. April 1870 trat Heinrich Stephan sein Amt als Generalpostdirektor des Norddeutschen Bundes an. Nach Errichtung des Deutschen Reiches im Januar 1871 wurde er als Generalpostmeister und Staatssekretär mit der Leitung der 1806 untergegangenen und jetzt wieder neu etablierten Reichspost betraut. Stephan beeinflusste nicht nur maßgeblich die Entwicklung der deutschen Post, er war es auch, der den ohnehin in der Luft liegenden Gedanken eines „Weltpostvereins“ maßgeblich förderte.

Die rechtlichen Voraussetzungen für die Post und das damals noch selbständige Telegrafenwesen wurden nach Gründung des Deutschen Reichs in der Reichsverfassung vom 16. April 1871 festgelegt. Organisatorisch verschmolzen wurden beide Verkehrszweige am 1. Januar 1876. Im Gegensatz zum Postgebiet des Norddeutschen Bundes, in dem für alle Gliedstaaten völlige Einheit in allen rechtlichen, verwaltungsmäßigen und finanzwirtschaftlichen Beziehungen bestand, war das gesamte Reich jetzt kein einheitliches Postgebiet mehr. Das viel größere Reichspostgebiet wurde in drei selbständige Bereiche untergliedert. Bayern und Württemberg behielten zunächst ihre eigenen Postverwaltungen neben dem eigentlichen Gebiet der Reichspost. Das Reichspostgebiet umfasste damit das Gebiet des früheren Norddeutschen Bundes, Elsass-Lothringen und Baden.

Im Behördenaufbau der Reichspost bildeten die Oberpostdirektionen (OPD) als Bezirksbehörden die Mittelinstanz und damit das Bindeglied zwischen der Obersten Behörde in Berlin und den örtlichen Dienststellen als unteren Instanzen. Diese Gliederung, die 1850 in Preußen entstanden und 1868 in die Poststruktur des Norddeutschen Bundes übergegangen war, wurde auch nach der Verschmelzung der Post mit der Telegrafenverwaltung beibehalten.

Die für Schleswig-Holstein zuständige Oberpostdirektion hatte ihren Sitz in Kiel. Am 1. April 1873 wurde das ehemalige preußische Oberpostamt Hamburg unter Zuweisung von Gebieten u. a. aus Schleswig-Holstein in eine OPD umgewandelt. Der territoriale Zuständigkeitsbereich der OPD Kiel verkleinerte sich damit um Gebiete zwischen Hamburg und Lübeck und die Postanstalten im Herzogtum Lauenburg. Als letzte Hansestadt verlor Lübeck die postalische Eigenständigkeit, als das Oberpostamt Lübeck zum 1. Januar 1876 als örtliches Amt in den Geschäftsbereich der OPD Hamburg übergeführt wurde. Damit war die bereits in der Reichsverfassung von 1871 vorgesehene „Herstellung normaler Postverhältnisse" auch in den Hansestädten erfüllt.

Schleswig-Holstein und das Ende der deutschen Taubenpost

Schon im alten Ägypten, ebenso wie bei den Griechen und Römern, gab es eine frühe Form der „Luftpost". Zum Übermitteln eiliger Nachrichten bediente man sich der Tauben. Die Ägypter nahmen Tauben mit auf Schiffe, um von See aus Nachrichten in die Heimat befördern zu können. Mitte des 12. Jahrhunderts richtete der Kalif von Bagdad für staatliche Zwecke eine planmäßige Taubenpost ein. Von Kairo und Damaskus aus wurden die wichtigsten Städte über ein Netz von Taubenstationen angeflogen. Noch im 17. Jahrhundert wurde das Einlaufen von Handelsschiffen ebenso wie Handelsnachrichten zwischen dem Hafenplatz Alexandrette (Iskenderun) und Aleppo durch Tauben übermittelt.

Bekanntmachung.

Kiel, den 27. Juni 1883.

Mit dem 1. Juli d. Js. wird der Betrieb der hiesigen Stadt-Fernsprecheinrichtung eröffnet werden.

Der Kaiserliche Ober-Postdirektor.

Lokalnachrichten.

* **Postalisches.** Die Anlage von unterirdischen Kabeln in unserer Stadt wird derart getroffen, daß sie für die nächsten 50 Jahre dem telephonischen Dienst genügen wird. Die Leitung durchschneidet die Hafenstraße, Fleethörn, Muhliusstraße und Breiterweg, wo die zu legenden Kabel vorläufig enden. Der Einlaß der Zementhüllen für die Aufnahme der Kabel wird in einer Tiefe von 80 Zentimeter ausgeführt. Der Auslauf der Kabel beim Posthaus wird neun Röhren aufweisen; beim Neumarkt erfolgt die erste Abzweigung. Jedes Kabel enthält 448 Leitungsdrähte. Durch die Einführung der Zementhüllen ist für die Erhaltung der Kabel die weitgehendste Garantie geboten. Das erste Kabel wird erst nach der vollständigen Fertigstellung des unterirdischen Baues gelegt werden; um dies zu ermöglichen, werden in gewissen Abständen gemauerte Senkbrunnen angelegt. Die Herstellung dieser Einrichtung bezweckt in erster Linie eine Entlastung des bisherigen Sprechnetzes, daneben wird die neue Anlage noch weit weniger Reparaturen und Erneuerung bedürfen, wodurch große Ersparnisse eintreten und Störungen im Verkehr vermieden werden.

Abb. 39: Das erste Telefonnetz in Kiel, 1883

In Europa kam die Taubenpost Mitte des 19. Jahrhunderts häufiger in Gebrauch. Die noch großen Lücken im neu entstehenden Bahnnetz mussten überbrückt werden. Um Zeit zu gewinnen, wurden Stafetten oder auch Taubenposten eingesetzt. Tauben wurden mit Börsennachrichten zwischen Aachen und Brüssel auf den Weg geschickt, und Taubenposten flogen zwischen Paris, Brüssel und Antwerpen.

Aber auch im Krieg wurden Tauben zur Nachrichtenübermittlung verwendet. Die Kriegsgeschichte kennt mehrere Beispiele, in denen man sich der Tauben zur Nachrichtenübermittlung bediente. Am bekanntesten ist wohl der Taubeneinsatz während der Belagerung von Paris 1870/71, als Tauben mit Ballons aus Paris in die Provinz transportiert wurden, von wo sie mit Nachrichten nach Paris zurückkehren sollten. Von 354 eingesetzten Tauben kamen immerhin knapp 100 nach Paris zurück.

Noch Anfang des 20. Jahrhunderts wurden *„in Festungen und anderen wichtigen Orten der meisten Staaten Kriegsbrieftauben gehalten und abgerichtet"*.

Und immer wieder stellte die Schifffahrt die Tauben in ihren Dienst. Die Hamburg-Amerika-Linie nahm auf ihren Schiffen Tauben mit, um so schnell Nachrichten in die Häfen befördern zu können. Für die Schifffahrt nutzte man auch in Schleswig-Holstein über knapp drei Jahrzehnte (von 1877 bis 1912) Tauben zur Übermittlung von Nachrichten. Von Tönning aus hielten Tauben die Verbindung zu zwei in der Eidermündung liegenden Feuerschiffen aufrecht. Zu diesem Zweck hatte ein Einwohner Tönnings für 1500 Mark jährlich mindestens 100 Tauben zu halten und zu trainieren. Damit die Nachrichten auch ihr Ziel erreichten, wurden pro Übermittlung mindestens drei Tauben eingesetzt. Nicht nur für Routinenachrichten, sondern auch in Seenotfällen wurden die Vögel eingesetzt. Die Telegrafie aber machte den Einsatz zunehmend überflüssig. In Deutschland kam 1912 mit der Auflösung der Taubenstation in Tönning das Aus für die Taubenpost.

Schlaglichter aus dem Telegrafen- und Fernmeldewesen in Schleswig-Holstein

Schon um 1800 hat es in Schleswig-Holstein die ersten optischen Telegrafenlinien gegeben, die u. a. Kiel mit Kopenhagen verbanden. Ein halbes Jahrhundert später, 1864, konnten die Preußen und Österreicher bereits ein von Dänemark seit 1851 aufgebautes elektromagnetisches System übernehmen. Dieses Staats- und Eisenbahn-Telegrafennetz verfügte über Stationen in den meisten Städten. Von Westerhever aus war das Netz durch Seekabel bereits mit Großbritannien und über Kopenhagen und den Öresund mit Schweden

Abb. 40: Oberfernsprechamt Hamburg im Jahre 1900

verbunden. Seit 1864 wurde der Telegrafendienst in Schleswig-Holstein durch eigene „Telegraphen-Inspektionen“ geleitet. Die kaiserliche Telegraphendirektion Hamburg war die aufsichtführende Mittelbehörde. Die ursprüngliche Trennung von Post und Telegrafendienst endete 1876 mit der Zusammenlegung beider Bereiche und der Unterstellung unter den Generalpostmeister. Für Schleswig-Holstein bedeutete das die Eingliederung des Telegrafendienstes in den Bereich der OPD Kiel.

Anläßlich der Inbetriebnahme des ersten Reichstelegrafenkabels zwischen Berlin und Hamburg am 3. 11. 1877 wurde in der Oberpostdirektion Kiel durch Werner von Siemens der erste Fernsprechapparat vorgeführt. Im gleichen Jahr wurde der Fernsprechdienst durch den Generalpostmeister Stephan in Deutschland eingeführt. 1883 wurde dann das erste Ortsnetz in Schleswig-Holstein in Kiel-Gaarden-Dietrichsdorf-Neumühlen mit 62 Teilnehmern in Betrieb genommen. Allerdings waren nur Gespräche innerhalb dieses Netzes möglich. Auf die Möglichkeit, richtige Ferngespräche führen zu können, musste man in Schleswig-Holstein weitere zehn Jahre warten. Dann aber machte der inzwischen vollendete Bau von Verbindungsleitungen nach Hamburg und Kiel auch diese Gespräche möglich. Bis 1900 waren im Bereich der OPD Kiel bereits mehr als 4000 Teilnehmer an das Netz angeschlossen.

Die neue Technik schaffte Arbeitsplätze. Zum Aufbau der Verbindungen waren zahlreiche Vermittlungen erforderlich, in denen die „Fräuleins vom Amt“ an ihren Schaltkästen die Verbindungen „stöpselten“. Auch wenn es diese Bediensteten der Post bis weit in das 20. Jahrhundert hinein noch gab, begann der zunächst langsame Abbau dieser Arbeitsplätze eigentlich bereits 1923, als die erste mechanische Wählvermittlung vorgestellt wurde. Genau drei Jahrzehnte später war Schleswig-Holstein, mit Ausnahme einiger Randlagen im Lübecker und Hamburger Raum, an das Selbstwählnetz angeschlossen.

Die Zeit der Weimarer Republik

Schleswig-Holstein war während des Ersten Weltkrieges von Kriegshandlungen verschont geblieben. Von den Bediensteten der Post im Bereich der OPD Kiel kamen jedoch fast 500 nicht aus dem Krieg zurück. Auf der anderen Seite mussten insbesondere in Schleswig-Holstein viele Postangehörige aus den früheren preußischen Provinzen Posen und Westpreußen, aus Oberschlesien und Elsaß-Lothringen untergebracht werden, ebenso wie Postler aus dem nach einer Volksabstimmung abgetretenen Nordschleswig im Bereich der Oberpostdirektion Kiel eine neue Verwendung finden mussten.

Mit der neuen Weimarer Verfassung wurden die bisherigen Sonderrechte Bayerns und Württembergs abgeschafft. Im damaligen Sprachgebrauch hieß das „*Verreichlichung*“ der Post. In Art. 88 der Verfassung heißt es u. a.:

„Das Post- und Telegraphenwesen samt dem Fernsprechwesen ist ausschließlich Sache des Reichs.

Die Postwertzeichen sind für das ganze Reich einheitlich.

Die Reichsregierung erläßt mit Zustimmung des Reichsrats die Verordnungen, welche Grundsätze und Gebühren für die Benutzung der Verkehrseinrichtungen festsetzen. Sie kann diese Befugnis mit Zustimmung des Reichsrats auf den Reichspostminister übertragen.“

Schon sehr bald hatte die wirtschaftliche Entwicklung in Deutschland auch Auswirkungen auf die Reichspost, denn im Zuge der Inflation begannen auch die Gebühren zu galoppieren, bis sie gegen Ende 1923 nahezu wöchentlich erhöht wurden. Der Zwang, ständig neue Wertstufen zu drucken, überforderte die Reichsdruckerei. Daher wurden auch Privatdruckereien mit dieser Aufgabe betraut. Für Philatelisten brachte das viele Abarten mit sich. Erst als durch den neuen „*Währungskommissar*“ Hjalmar Schacht am 15. November 1923 rund 2000 Notenpressen stillgelegt wurden und neue Geldscheine, die Rentenmark, zum Wechselkurs 1 Rentenmark zu 4,2 Billionen Mark ausgegeben wurden, besserte sich die Lage.

Die schwierigen Verhältnisse während des Krieges und unmittelbar danach, die Schrumpfung der deutschen Wirtschaftskraft und der fortschreitende Währungsverfall waren auch an der Post nicht spurlos vorübergegan-

Abb. 41: Brief vom 5. 12. 1922

Briefgebührenentwicklung (Brief bis 20 g)

1. 4. 1921	60 Pfennig	20. 9. 1923	250 000 Mark
1. 1. 1922	2 Mark	1. 10. 1923	2 Mio. Mark
1. 10. 1922	6 Mark	10. 10. 1923	5 Mio. Mark
15. 11. 1922	12 Mark	20. 10. 1923	10 Mio. Mark
15. 12. 1922	25 Mark	1. 11. 1923	100 Mio. Mark
15. 1. 1923	50 Mark	5. 11. 1923	1 Mrd. Mark
1. 3. 1923	100 Mark	12. 11. 1923	10 Mrd. Mark
1. 7. 1923	300 Mark	20. 11. 1923	20 Mrd. Mark
1. 8. 1923	1000 Mark	26. 11. 1923	80 Mrd. Mark
24. 8. 1923	20 000 Mark	1. 12. 1923	10 Rentenpfennig
1. 9. 1923	75 000 Mark		

(nach Sautter, Geschichte der Deutschen Reichspost, S. 525, Frankfurt/M. 1951)

gen. Ihr Betriebsapparat war heruntergewirtschaftet, der Personalbestand durch Beamtenzufluss aus den abgetretenen Gebieten übermäßig angestiegen. Die Einnahmen waren so stark zurückgegangen, dass die Post vom einstigen Überschussunternehmen zum Zuschussempfänger aus der Reichskasse geworden war.

Man ging daran, den Organisationsstatus der Post grundsätzlich zu überdenken, mit der Folge, dass der Reichstag im Juni 1924 das „*Reichspostfinanzierungsgesetz*“ verabschiedete, durch das die Post einen eigenen Haushalt und ein eigenes Vermögen erhielt. Ziel war es, ein schnelleres wirtschaftliches und unternehmerisches Handeln der Post zu ermöglichen. Der Erfolg ließ nicht lange auf sich warten. Die Post hatte schon ab 1925 wieder eine positive Bilanz vorzuweisen.

Der Zwang für die Post, ihren Haushalt aus eigener Kraft zu finanzieren, konnte nicht ohne Auswirkungen auf die Struktur bleiben.

Ähnlich wie heute setzte man beim Personal an. 1926 wurden in der gesamten Reichspost etwa 5000 Postbedienstete „eingespart“ (d. h. kaufmännisch: 10 Mio. RM), und durch Rationalisierungsmaßnahmen wurden bis 1928 weitere ca. 4000 Postbedienstete „wegrationalisiert“.

EXKURS: Die Abtretung Nordschleswigs

Der Friedensvertrag von Versailles (28. 6. 1918) befasste sich in den Art. 109–114 mit Nordschleswig. In einer Volksabstimmung sollte über die Zu-

Abb. 42: Brief mit einem kompletten Satz Dienstmarken der „Commission Internationale Slesvig".

kunft dieses Gebietes entschieden werden. Das Gebiet wurde in zwei Zonen aufgeteilt. In der Zone I, im Wesentlichen im Bereich nördlich der heutigen Landesgrenze, sollte sich das Ergebnis nach der Mehrheit der abgegebenen Stimmen richten, in der Zone II, im Wesentlichen südlich dieser Linie (Stadt Flensburg, Teile der Landkreise Flensburg, Tondern und Husum), sollte gemeindeweise abgestimmt werden. Dazu ging die Verwaltung des Abstimmungsgebiets am 10. 2. 1920 auf eine internationale Kommission über, die vom britischen Gesandten in Kopenhagen geleitet wurde. Englische und französische Truppen besetzten das Abstimmungsgebiet. Am Südrand des Gebiets wurde eine Art Staatsgrenze geschaffen, die nur mit gültigem Pass überschritten werden durfte.

Die deutsche Postverwaltung hatte damit für das „*Internationale Schleswig*“, wie dieser Teil des Landes auch genannt wurde, eine weitere weisungsbefugte Instanz erhalten. Als Verbindungsinstanz zwischen Internationaler Kommission und OPD wurde ein sogenannter „*Postdirektor Plebiscit Slesvig*“ eingesetzt. Im Auftrag dieser internationalen Kommission wurden durch die dänische Postverwaltung sogenannte „*Plebiscit-Marken*“ und Postkarten herausgegeben, mit deren Verkauf am 25. Januar 1920 bei den Postanstalten beider Zonen begonnen wurde.

Die bisher gebräuchlichen deutschen Marken verloren am 29. Januar 1920 ihre Gültigkeit und konnten bis zum 30. Januar noch umgetauscht werden. Es wurden in deutscher Währung 14 Werte von $2^1/_2$ Pf bis 10 Mark (Mi. Nr. 1–14) ausgegeben. Für die nördliche Zone I kamen am 20. Mai 1920 weitere 14 Werte in dänischer Währung in den Wertstufen 1 Öre bis 10 Kronen (Mi. Nr. 15–28) heraus. Für die Internationale Kommission, die „Commission Internationale Slesvig“ (C.I.S), die die Regierungsgewalt im Abstimmungsgebiet ausübte, wurden 14 Dienstmarken mit blauem Aufdruck C.I.S in den Wertstufen $2^1/_2$ Pf bis 10 Mark ausgegeben (Mi. Nr. 1–14). Diese Marken wurden vom 26. 1.–16. 6. 1920 für die Frankierung der Dienstbriefe verwendet. Es wurden ebenfalls Postkarten mit Werteindruck ausgegeben. Auch hier wurden zunächst 2 Postkarten mit deutschem Werteindruck und ab Mai 1920 zwei Postkarten mit „Öre“-Aufdruck ausgegeben. Zusätzlich wurden auch noch drei Karten für die Internationale Kommission ausgegeben, von denen keine gebrauchten Exemplare existieren.

Die Nachfrage nach den Marken war insbesondere bei Sammlern sehr hoch, so dass die Post im Flensburger Hotel „Kronprinz“ eine besondere Versandstelle für die Marken einrichtete und darüber hinaus an verschiedenen Orten Wertzeichen nachgedruckt wurden, wobei zahlreiche Plattenfehler auftraten.

Nach dem Ergebnis der Abstimmung kam die nördliche Zone I am 9. Juli 1920 unter dänische Verwaltung. Zone II verblieb dagegen beim Deutschen Reich. Die Internationale Kommission verließ am 16. Juni Flensburg, und vom nächsten Tag an waren in der Zone I wieder deutsche Briefmarken gültig. Die Übergaben der Postanstalten der Zone I an die dänische Post begann am 19. Mai 1920. Ein Teil der deutschen Postbeamten blieb auf Wunsch der dänischen Post vorübergehend in ihren Ämtern, um ihre dänischen Nachfolger einzuweisen.

Die Zeit zwischen 1933 und 1945

Nach dem Übergang der Reichsgewalt auf die Nationalsozialisten blieb die Weimarer Verfassung formell bestehen, wurde aber im Laufe der Zeit immer mehr ausgehöhlt. Von grundsätzlicher Bedeutung für das Postwesen war das

„Vereinfachungsgesetz" vom 27. Februar 1934, das bis zum Untergang des Dritten Reichs in Kraft blieb. Mit § 4 dieses Gesetzes erhielt der Reichspostminister die Befugnis, die Rechtsverordnungen bezüglich der Post allein und ohne Mitwirkung irgendeiner anderen Stelle zu erlassen. Im Zuge der Gleichschaltung wurden auch bei der Post nach dem 1. Mai 1933 die Personalverbände aufgelöst, an deren Stelle die sogenannten *„Gefolgschaften"* traten. Gleichzeitig entfernte man auf Grund des Gesetzes zur *„Wiederherstellung des Berufsbeamtentums"* über 12 500 Postbedienstete aus rassischen und politischen Gründen aus dem Dienst. Dieses Gesetz, das auch den Bereich der Arbeiter umfasste, gab die *„Möglichkeit zu einer weitergehenden Reinigung"* von allen *„wesensfremden"*, *„politisch unzuverlässigen"* und *„bluts- und rassefremden Kräften"*. Schon vorher hatte die Post den *„Selbstreinigungsprozess"* mit einer Verfügung vom 18. März 1933 eingeleitet, indem *„über 300 der schlimmsten Feinde des neuen Staates"* fristlos entlassen wurden. Später dann, am 1. April 1942, erging eine Weisung des Reichspostministeriums, die daran erinnerte, dass Juden bei der *Reichspost „grundsätzlich nicht zu beschäftigen"* seien.

Abb. 43:
Posthausschild der Reichspost 1939–1945

Auch sonst erwies sich die Deutsche Reichspost unter dem Reichspostminister Ohnesorge als willfähriges Werkzeug des neuen Regimes. So konnten die Präsidenten der Reichspostdirektionen für ihren Bereich ab Juli 1941 *„besondere Schalterstunden für Juden"* einrichten, wobei die Abfertigung der Juden auch noch auf bestimmte Postämter begrenzt werden konnte. Ebenso wurden für Juden Beschränkungen bei der Benutzung der Kraftpost verfügt. Im August 1941 wurden Juden dann von der Nutzung von Postschließfächern ausgeschlossen. Am 12. November 1942 wurde *„im Einvernehmen mit dem Chef der Sicherheitspolizei und des SD"* entschieden, dass *„Pakete [...] an Empfänger, die an der Anschrift eindeutig als Juden erkannt werden können,"* nicht mehr zugestellt werden, um nur einige der Maßnahmen zu nennen.

Der Verlauf des Krieges wirkte sich zunehmend auf die gesamte Post aus. Neben den Zerstörungen durch Luftangriffe, von denen in Schleswig-Holstein insbesondere die Post in Kiel betroffen war, kamen immer dringendere Personalanforderungen der Wehrmacht, die es zum Teil schwer machten, den geordneten Postbetrieb aufrechtzuerhalten. Schon 1942 sah sich das Reichspostministerium daher veranlasst *„Richtlinien für den Personaleinsatz und die Sicherung des Dienstes der Deutschen Reichspost"* aufzustellen, mit dem Ziel der *„Mobilisierung der stillen Reserven an Frauen und Mädeln vor allem* *in kleineren und mittleren Orten*". Nach dem Führererlass vom 13. Januar 1943, in dem der „*umfassende Einsatz von Männern und Frauen für Aufgaben der Reichsverteidigung*" gefordert wurde, wies das Reichspostministerium den nachgeordneten Bereich an, nur noch „*solche Aufgaben durchzuführen*", die „*unbedingt notwendig*" seien. Der Wehrmacht dürfe „*kein Mann vorenthalten werden, der nicht mit kriegswichtigen Aufgaben betraut ist oder der durch eine weibliche Kraft ersetzt werden kann*".

Um der Bevölkerung nach schweren Luftangriffen die Möglichkeit zu geben, auswärtigen Angehörigen Lebenszeichen zu geben oder von auswärts Kontakt in „*Luftnotgebiete*" aufzunehmen, wurden Eilnachrichtenkarten mit 10 Worten Text als Lebenszeichen nach Luftangriffen oder als Eilauftragskarten an das Postamt in von Luftangriffen betroffenen Orten zur Prüfung von Anschriften zugelassen. Der Dienst war gebührenfrei. Ab August 1944 stellte sich dann auch die Reichspost mit einer Verfügung vom 14. August 1944, „*Deutsche Reichspost und totaler Kriegseinsatz*", auf den „*totalen Krieg*" ein. U. a. wurden folgende „Anpassungen" angeordnet: Päckchen, Drucksachen, Geschäftspapiere und Mischsendungen sind nicht mehr zugelassen; Einstellung der Versendung von Päckchen und Paketen; keine Eilzustellungen; keine Sonntagszustellung; Einschränkung der Briefkastenleerung; mögliche Aufhebung privater Fernsprechanschlüsse; Einschränkung des privaten Ortsfernsprechverkehrs. Ab Dezember 1944 hatte die Unsicherheit der Verkehrsverhältnisse zur Folge, dass der Einschreibverkehr stark zunahm, aber schon bald drastisch eingeschränkt wurde. Nach Ausfall der meisten Eisenbahnfernzüge waren im Fernverkehr ab Januar 1945 nur noch Postkarten und Briefe bis 20 g und eingeschriebene Briefe bis 500 g von und an Behörden zugelassen, darüber hinaus nur in dringenden kriegs- und lebensnotwendigen Fällen mit Genehmigung der zuständigen Reichspostdirektion. Es waren nur noch Rüstungspakete, Pakete mit Arzneien, Lebensmitteln, Hefe, Saatgut und einigen lebensnotwendigen Gütern sowie Pakete von und an Behörden, Banken und verwandte Institute zugelassen.

Zum Ende des Krieges flohen hunderttausende von Flüchtlingen nach Schleswig-Holstein, und am 4. Mai 1945 besetzten britische Truppen Kiel, das während des Krieges Ziel zahlreicher Bomberangriffe geworden war und damit zu den Städten mit den größten Zerstörungen in ganz Deutschland gehörte. Die Reichspostdirektion hatte ihren Sitz kurz vorher von Kiel nach Flensburg verlegt, und der Leiter Deutler verbreitete noch am 4. Mai einen Aufruf, in dem es u. a. hieß: „*der unter meiner Leitung stehende Arbeitsstab Nord der RPD betreut die Ämter im feindfreien Teil des Bezirks. Der Arbeitsstab sitzt im TBA [Telegrafenbauamt] Flensburg. Die Ämter kurz vor dem Feind werden angewiesen, sich fernmündlich Kenntnis von Marschrichtung und Stärke der feindlichen Panzerspitzen zu verschaffen und laufend an Telegrafenbauamt Flensburg [...] zu melden.*"

Die letzte Reichsregierung zog sich nach Schleswig-Holstein, eine der letzten noch in deutscher Hand befindlichen Regionen des zusammenbrechenden „Dritten Reichs", zurück. Eutin/Plön und letztlich Flensburg-Mürwik waren die letzten Stationen vor dem endgültigen Ende. Von hier aus gab Reichskanzler Dönitz am 8. Mai 1945 über den Sender Flensburg die Kapitulation des Dritten Reichs bekannt. Zwei Tage später wurde auch dieser Sender von den Briten besetzt.

Das Kapitel „Drittes Reich" war geschlossen, und der Zusammenbruch des Deutschen Reichs bedeutete auch das Ende der Deutschen Reichspost.

Schleswig-Holstein unter britischer Besatzung

Die Siegermächte teilten Deutschland in vier Besatzungszonen auf. Schleswig-Holstein kam unter britische Besatzung. Die oberste Regierungsgewalt wurde durch Erklärung vom 5. Juni 1945 für die einzelnen Besatzungszonen auf Militärregierungen, die von den jeweiligen Oberbefehlshabern geleitet wurden, delegiert. Für das Postwesen hatte das zur Folge, dass die Besatzungsmächte zunächst bis auf weiteres jegliche Nachrichtenübermittlung verboten. Alle Bediensteten der Deutschen Reichspost wurden den Weisungen der Besatzungsmacht unterstellt. Weiter bestimmte das Gesetz, dass bei einer späteren Wiederzulassung der einzelnen Post- und Fernmeldedienste jeder Nachrichtenaustausch einer Zensur unterliegen werde. Das Post- und Fernmeldewesen war damit zunächst zum Erliegen gekommen.

Unabhängig davon ging das noch vorhandene Personal der Post daran, die Folgen des Krieges so gut wie möglich zu beseitigen. (Allein im Bereich der Reichspostdirektion Kiel waren 485 Mitarbeiter nicht aus dem Krieg zurükkgekehrt.) Neben den vielfältigen Problemen wie zerstörten Postgebäuden, insbesondere in Kiel, den verlorenen alten Unterlagen und kaum vorhandenen Kraftfahrzeugen, wurde Schleswig-Holstein nach Ende des Krieges zur Zuflucht für Soldaten und Flüchtlinge, so dass in keinem anderen Bereich Deutschlands so viele Postmitarbeiter unterzubringen waren wie in Schleswig-Holstein.

Ab Mitte 1945 kam der Post- und Nachrichtenverkehr auf Weisung der britischen Besatzungsmacht nach und nach wieder in Gang. Der britische Oberbefehlshaber hatte sich in einer persönlichen Botschaft vom 30. Mai 1945 an die Bevölkerung gewandt, in der er die für die Schaffung eines „*einfachen und geregelten Lebens*" notwendigsten Maßnahmen umriss. Dabei stellte er ausdrücklich fest, dass das Postwesen wieder in Gang gebracht werden müsse und dazu alsbald zu den Reichspostdirektionen und den besonders wichtigen Postdienststellen britische P & T-Offiziere abgestellt wür-

ALLIIERTE MILITÄRREGIERUNG – DEUTSCHLAND

Bekanntmachung

Wiedereröffnung des zivilen Reichspostdienstes

1. **Datum der Wiedereröffnung**
Auf Anordnung der Militärregierung wird die Zivilpost am 14. Juni 1945 wiedereröffnet, und zwar innerhalb der Provinz Schleswig-Holstein und dem von britischen Streitkräften besetzten Teil der Provinz Mecklenburg, begrenzt im Osten von einer nord-südlichen Linie, einschließlich Schwerin, Ludwigslust und Dömitz, von dort westlich an der Elbe entlang nach Lauenburg und Hansestadt Hamburg.

2. **Art der zugelassenen Post**
Nur offene Postkarten werden zugelassen.

3. **Zugelassene Korrespondenz**
Die folgenden Vorschriften gelten für die Korrespondenz:
a) Es wird deutlich mit lateinischen Buchstaben geschrieben. Deutsche Buchstaben werden nicht gebraucht.
b) Es wird keine Mitteilung gemacht betr. Bewegungen und Stellungen von deutschen oder alliierten Truppen, militärischen Depots oder militärischen Anlagen.
c) Die Anschrift wird deutlich auf der rechten Hälfte auf einer Seite der Postkarte geschrieben.
d) 1. Auf der linken Hälfte der Postkarte, auf derselben Seite wie die Anschrift, wird der Name und die Anschrift des Absenders geschrieben.
2. Mitglieder der Wehrmacht werden ihre Nummer, Dienstgrad, Namen und Truppenteil auf die linke Seite der Postkarte schreiben.
e) Die Mitteilungen werden nur auf die Rückseite der Postkarte geschrieben.

4. **Korrespondenz an und von Wehrmachtangehörigen**
Korrespondenz zwischen Wehrmachtangehörigen und deren Familien ist nur dann gestattet, wenn beide Teile innerhalb der in Paragraph 1 beschriebenen Zone wohnen.

5. **Art der Ablieferung und Sammlung von Korrespondenz von Wehrmachtangehörigen**
a) Korrespondenz von Zivilisten an Wehrmachtangehörige wird bei den Postämtern wie gewöhnliche zivile Post abgeliefert.
b) 1. Korrespondenz von Wehrmachtangehörigen und Zivilisten innerhalb der Kriegsgefangenenzonen wird durch deutsche Militärbehörden unter den Korpsstäben Stockhausen und Witthoft eingesammelt.
2. Korrespondenz von Wehrmachtangehörigen innerhalb der Provinz Schleswig-Holstein, aber außerhalb der Kriegsgefangenenzonen, wird durch deutsche Militärbehörden eingesammelt und im Hauptquartier der deutschen Kreiskommandantur abgeliefert. Dort wird sie der Reichspost übergeben.

6. **Zensur**
a) Die Post steht unter der Zensur der alliierten Militärregierung.
b) Deutsche Militärbehörden sind verantwortlich für alle durch sie gesammelte Korrespondenz der Wehrmacht. Post der Wehrmacht kann ebenfalls von der alliierten Militärregierung zensiert werden.

7. **Postieren von Zivilkorrespondenz**
Post wird nur bei Postämtern und Hilfspostämtern angenommen. Briefkästen werden nicht geleert.

8. **Lieferung der Post**
Die Post wird in der gewöhnlichen Weise geliefert. Personen, die umgezogen sind, werden dem Postamt Mitteilung machen und die gewöhnliche Gebühr dafür bezahlen.

9. **Post, die nicht geliefert werden kann**
Post, die aus irgendeinem Grunde von der Reichspost nicht innerhalb von 7 Tagen geliefert werden kann, wird an den Absender zurückgeschickt. Porto wird nicht zurückerstattet.

10. **Porto**
Das Porto für alle Postkarten beträgt 6 Pfennig.

11. **Art der Bezahlung**
a) Bis zur Ausgabe von geeigneten Briefmarken können mit 6 Pfennig frankierte Postkarten in allen Postämtern gekauft werden.
b) Post von Wehrmachtangehörigen, aber nicht an Wehrmachtangehörige ist portofrei.

Abb. 44: Bekanntmachung der Militärregierung über den Wiederbeginn des Postverkehrs am 14. Juni 1945

Abb. 45: Britischer Zensurstempel aus dem Jahr 1947

Abb. 46: Postkarte vom Juli 45

den, die den Dienst überwachen sollten. Mit der Anordnung Nr. 97 wurde am 19. 9. 1945 *eine „Reichspost-Oberdirektion für die Britische Zone"* (BZRPO) in Bad Salzuflen geschaffen und das Gebiet in neun Postbezirke eingeteilt. Im Norden waren das die Bezirke Hamburg und Kiel, die durch Reichspostdirektionen geleitet werden sollten.

In Schleswig-Holstein war eine der ersten Maßnahmen zur Wiederbelebung des Postverkehrs die durch die britische Militärregierung bereits am 24. Mai 1945 angeordnete Aufnahme eines *„Provinzkurierdienstes"*, der zur *„Beförderung der zivilen Behördenpost von Kreisstadt zu Kreisstadt in der Provinz Schleswig-Holstein einzurichten"* sei. Ab Mitte Juni 1945 wurde dann in sehr begrenztem Umfang auch der private Postdienst wiederaufgenommen, wobei anfangs nur offene Postkarten versandt werden durften. Vom 25. Juni 1945 an wurde dann der Briefdienst ausgeweitet auf Sendungen bis zu 500 g mit amtlichem oder geschäftlichem Inhalt. Freigemacht wurden die Sendungen mit „AM-Post"-Marken (Mi. Nr. 1–9, amerikanische u. britische Zone), die bereits vor Kriegsende in Washington gedruckt worden waren.

Ende August 1945 fand in Hamburg eine Besprechung der Leiter der Reichspostdirektionen unter britischer Leitung statt. Sie hatte eine Ausdehnung der Verkehrsbeziehungen im Innern der Zone als Ergebnis. Die Wiederaufnahme des Bahnpost-, Postscheck- und in beschränktem Maße des Fernmeldedienstes waren die positiven Folgen. Nachdem im April 1946 dann auch ein beschränkter internationaler Briefverkehr wiederaufgenommen worden war, arbeiteten fast alle Dienstzweige fast schon wieder in gewohnter Regelmäßigkeit und Zuverlässigkeit.

Mit der Schaffung des *„Vereinigten Wirtschaftsgebiets"* am 29. Mai 1947 in der amerikanischen und britischen Zone wurde auch eine zentrale Verwaltung für das Post- und Fernmeldewesen geschaffen. Diese Zeit zwischen der Bildung des Vereinigten Wirtschaftsgebietes und der Gründung der Bundes-

Die OPD Kiel im Spiegel von Zahlen

	1866	1913	1965
Personalumfang	1 096	7 033	13 491*
Post- und Telegraphen-anstalten	165	1 320	
Postämter			200
Poststellen, Posthilfsstellen			960
Fernmeldeämter			3
eingegangene Sendungen	20 426 295	195 106 142	
aufgegebene Sendungen	24 596 669	177 228 203	
Beförderte Sendungen			245 310 000**
Telegramme	338 864	2 033 825	719 000

* davon: 7904 Beamte, 3405 Arbeiter, 1396 Angestellte, 768 Nachwuchskräfte
** davon: 240 000 000 Briefsendungen, 5 310 000 Paketsendungen
(Quelle: Festschrift „100 Jahre OPD Kiel“, Kiel 1967)

republik war für die Post gekennzeichnet durch die Wiederherstellung des Postwesens in der gewohnten Weise. Beim Zusammenschluss der westlichen Länder zur Bundesrepublik Deutschland war das Postwesen in der britischen Zone dann auch bereits wieder gut entwickelt.

Von der Deutschen Bundespost zur Deutschen Post AG

Mit der Verabschiedung des Grundgesetzes für die Bundesrepublik Deutschland und dessen Inkrafttreten am 23. Mai 1949 waren die entscheidenden staatsrechtlichen Grundlagen für die neue Bundesrepublik Deutschland gelegt.

Nach der ersten Wahl zum neuen Deutschen Bundestag wurde am 20. September 1949 die erste Bundesregierung gebildet, in der es u. a. auch einen *„Bundesminister für das Post- und Fernmeldewesen“* gab. Die neue Post lief von nun an unter dem Namen *„Deutsche Bundespost“*. Im Grundgesetz wurde auch die verfassungsrechtliche Stellung der Post verankert. Nach Art. 73 (7) behielt sich der Bund die ausschließliche Gesetzgebung über das Post- und Fernmeldewesen vor, und Art. 87 (1) bestimmte, dass als bundeseigene Verwaltung u. a. die Bundespost geführt werde.

Abb. 47: Deutsche Bundespost ab 1950

40 Jahre später, im April 1989, wurde im Bundestag das Gesetz über die Neustrukturierung des Post- und Fernmeldewesens verabschiedet, das am 1. 7. 1989 in Kraft trat. Die Post wurde in drei Bereiche aufgeteilt: Deutsche Bundespost–Postdienst, Deutsche Bundespost–Postbankdienst, Deutsche Bundespost–Telekom. Jedes dieser Unternehmen hatte einen eigenen Aufsichtsrat, eigenes Management und legte eine eigene Bilanz vor. Die Hoheitsaufgaben, wie Regulierung und Wahrnehmung der Eigentümerrechte und -pflichten, verblieben beim Bundesministerium für Post- und Fernmeldewesen, das in Bundesministerium für Post und Telekommunikation (BMPT) umbenannt wurde. Ziel der neuen Organisationsform sollte es u. a. sein, die hoheitlichen Aufgaben von den betrieblichen und unternehmerischen zu trennen, um so eine größere Unabhängigkeit von politischen Einflüssen und Zwängen zu erreichen.

Für die Oberpostdirektionen bedeutete das eine grundsätzliche Umstrukturierung. Sechs Jahrzehnte hatte man an den Grundstrukturen, die das damalige Reichspostministerium am 1. 6. 1928 erlassen hatte, keine wesentlichen Änderungen vorgenommen. Nach Inkrafttreten der „Richtlinien für die Organisation der regionalen Mittelbehörden“, die am 1. März 1990 in Kraft traten, blieben die insgesamt 23 Oberpostdirektionen in der Bundesrepublik bestehen. Neben der OPD Hamburg, die für Gebiete im Süden Holsteins zuständig war, blieb auch die OPD Kiel, der 12 Postamtsbezirke in Schleswig-Holstein zugeordnet waren, bestehen.

„Deutsche Post AG“ und „Postbank AG“ gingen seit 1. Juli 1989 getrennte Wege, bevor die „Deutsche Post AG“ am 1. Januar 1999 die „Postbank AG“ zu 100 % übernahm.

Am 30. 8. 1994 schließlich wurden die Art. 87f und 143b in das Grundgesetz eingefügt, in denen es u. a. heißt:

Artikel 87f
(1) Nach Maßgabe eines Bundesgesetzes, das der Zustimmung des Bundesrats bedarf,

gewährleistet der Bund im Bereich des Postwesens und der Telekommunikation flächendeckend angemessene und ausreichende Dienstleistungen.

(2) Dienstleistungen im Sinne des Absatzes 1 werden als privatwirtschaftliche Tätigkeiten durch die aus dem Sondervermögen Deutsche Bundespost hervorgegangenen Unternehmen und durch andere private Anbieter erbracht. Hoheitsaufgaben im Bereich des Postwesens und der Telekommunikation werden in bundeseigener Verwaltung ausgeführt.

Artikel 143b

(1) Das Sondervermögen der deutschen Bundespost wird nach Maßgabe eines Bundesgesetzes in Unternehmen privater Rechtsform umgewandelt.

(2) Die vor der Umwandlung bestehenden ausschließlichen Rechte des Bundes können durch Bundesgesetz für eine Übergangszeit den aus der Deutschen Bundespost POSTDIENST und der Deutschen Bundespost TELEKOM hervorgegangenen Unternehmen verliehen werden.

[...]

Mit der Änderung des Art. 87 ist das Anbieten postalischer und telekommunikativer Dienstleistungen keine öffentliche Tätigkeit mehr, sondern eine ausschließlich private, die sowohl von den Postunternehmen als auch von anderen privaten Anbietern wahrgenommen werden kann. Folgerichtig erhielten dann die drei Postunternehmen in einem nächsten Schritt mit dem Inkrafttreten des *„Postneuordnungsgesetzes"* vom 14. September 1994 die Rechtsform von Aktiengesellschaften.

Mit Einführung der sogenannten „Spartenbildung" am 1. Januar 1996 hörten die Postämter/Niederlassungen alter Art auf zu bestehen. Von der Generaldirektion bis zu den Filialen wurden alle Organisationseinheiten einer der vier Sparten zugeordnet.

Für Schleswig-Holstein bedeutete das, dass die Direktion Kiel der „Sparte Postfilialen" zugeordnet wurde. Für den Briefdienst wurde die Direktion Schwerin und für den Frachtdienst die Direktion Hamburg zuständig.

Mit der „Neustrukturierung der Deutsche Post AG" vom 1. Juli 1999 wurde der vorerst letzte grundlegende Schritt auf dem Wege des Umbaus der Post eingeleitet. Im Zuge der Abkehr von der „Spartenorganisation" wurden alle 23 Direktionen und die 53 Niederlassungen Postfilialen aufgehoben. Im Gegenzug wurden dafür die Standorte für 25 neue Niederlassungen festgelegt. Der gesamte Unternehmensaufbau wird künftig zweistufig sein. Die bisherigen Sparten Briefpost und Frachtpost werden umgewandelt zum *„Unternehmensbereich BRIEFKOMMUNIKATION"* und zum *„Unternehmensbereich PAKET/EXPRESS/LOGISTIK"*. Die Sparte Postfilialen geht auf im *„Unternehmensbereich FILIALEN"*.

Schleswig-Holstein wird für den *„Unternehmensbereich BRIEFKOM-*

MUNIKATION" mit den zugeordneten Niederlassungen Kiel und Elmshorn dem Bereich 3C, Hannover zugeordnet. Für den „*Unternehmensbereich PAKET/EXPRESS/LOGISTIK*" wird die Niederlassung Neumünster dem Bereich 2A, Hamburg und für den „*Unternehmensbereich FILIALEN*" mit der Niederlassung Kiel dem regionalen Geschäftsbereich Bremen Nord zugeordnet.

Ob die Post mit dieser neuerlichen Umorganisation ihren Zielen, „*Stärkung der Kundenorientierung insbesondere durch den Ausbau von Vertrieb und Marketing*" sowie „*einer nachhaltigen Steigerung der Effizienz und Effektivität im Gesamtunternehmen*", gerecht werden wird, muss die Zukunft zeigen.

Das Bundesministerium für Post und Telekommunikation stellte seine Arbeit zum 31. Dezember 1997 ein. Die Aufsicht über die Post wurde einer Regulierungsbehörde übertragen, und für die Ausgabe der Postwertzeichen wurde das Bundesministerium der Finanzen zuständig.

Endgültig Abschied vom Postmonopol will die Bundesrepublik Deutschland ab Ende 2002 nehmen. Dann nämlich sollen die einschränkenden Bestimmungen (Briefe bis 200 g, Infopost bis 50 g), die im Postgesetz vom 1. Januar 1998 geregelt sind, enden.

Auch wenn der Bundeswirtschaftsminister im Februar 2001 die Absicht seines Ministeriums verkündete, das Postmonopol noch über das Jahr 2002 hinaus zu verlängern, wird der Staat sich in absehbarer Zeit aus dem Postmonopol endgültig verabschieden.

In ihrer langen Geschichte schlägt die Post erneut eine neues Kapitel auf. Ein Kapitel, in dem, so hat es gegenwärtig den Anschein, Geschichte – wenn überhaupt – nur noch eine untergeordnete Rolle spielen wird. Die Post ist ein Unternehmen wie jedes andere auch, das sich an seinen Ergebnissen, und seit Ende 2000 auch am „Shareholder-Value", messen lassen muss.

Man mag dem Verschwinden der „guten alten Post" mit Klebepinsel und Handstempel und dem Postamt um die Ecke – sei es auch noch so klein gewesen – nachtrauern. Nur: nostalgisches Denken schafft keine effektiven Strukturen, die ein Überleben eines global operierenden Unternehmens, wie es die Post heute ist, gewährleisten. Die Post und ihre Vorläufer haben sich auch in den vergangenen Jahrhunderten nie gegen Neuerungen gewehrt. Nur Neuerungen vollzogen sich langsamer – und dabei vielleicht manchmal kundenverträglicher als heute. Heute ist es aber schon weitgehend Realität, dass bei immer mehr Kunden immer weniger „*realer*" Postverkehr stattfindet. Fax, Internet und E-Mail bestimmen schon heute weitgehend den Kommunikationsalltag, und die Entwicklung verläuft rasend schnell. Zentralisierung scheint das Gebot der Stunde. Für ein Flächenland wie Schleswig-Holstein bedeutet das aber auch, dass sich die gewohnte und liebgewordene Präsenz der Post ständig verringern wird.

Literatur- und Quellenverzeichnis

Archive und Quellen:
Akten und Urkunden des Postamts Eutin/Neustadt
Akten der Regierung des ehemaligen Fürstentums Lübeck
Materialien der Service Niederlassung Unternehmenskommunikation der Deutsche Post AG

Zeitschriftenaufsätze und Bücher:

Ahrens, Gerhard, Das Botenwesen der Hamburger Kaufmannschaft (1517–1821), in: Archiv für deutsche Postgeschichte, Jahrg. 1962, Heft 1, S. 28–42
Arnau, Frank, Lexikon der Philatelie, Freiburg, 1957
Bundesministerium für das Post- u. Fernmeldewesen, Handwörterbuch des Postwesens, Frankfurt/M, 1953
Bundeszentrale Politische Bildung, Staatsrecht der Bundesrepublik Deutschland, Bonn 1995
Diestelhorst, Friedrich, Das Postwesen in Schleswig-Holstein, in: Die Heimat, 58 (1951), S. 272–276
Francke, Richard, Das Lübecker Boten- und Postwesen, in: Archiv für deutsche Postgeschichte, Jahrg. 1959, Heft 1, S. 18–34
Glaser/Werner, Die Post in ihrer Zeit, Heidelberg 1990
Griep, Wolfgang, Vom Reisen in der Kutschenzeit, Heide 1990
Grintsch, K., Die Post der alten See- u. Hansestadt Wismar, in: Archiv für Deutsche Postgeschichte, Jahrgang 1970, Heft 2, S. 98–124
Hahn, Hagen, Erste Luftpostverbindungen in Deutschland und über die Grenzen, in: Archiv für Deutsche Postgeschichte, Sonderheft 1984, S. 190–208
Hedemann-Heespen, Heimatbuch des Kreises Rendsburg, S. 248–259, Rendsburg 1922
Hübner, Hans, Die Schwedische Post in Schleswig-Holstein und Hamburg, in: Archiv für deutsche Postgeschichte, Jahrg. 1958, Heft 1, S. 32–41
Hübner, Hans, Alte Postkurse in Schleswig-Holstein, in: Die Heimat, 56 (1949), S. 33–37
Hübner, Hans, Geschichte der Post-Schillinge, Die älteste Briefmarke in Schleswig-Holstein, in: Archiv für deutsche Postgeschichte, Jahrg. 1953, S. 22–29, 74–76
Hübner, Hans, Altes Postwesen in Eutin, in: Die Heimat, 63 (1956), S. 177–180
Hübner, Hans, Altes Postwesen in den früheren Residenzstädten Eutin und Plön, in: Archiv für deutsche Postgeschichte, Jahrg. 1964, Heft 1, S. 61–64
Hofinger, Wilhelm, Die Post im Reich Napoleons, in: Archiv f. deutsche Postgeschichte, Jahrg. 1962, Heft 2, S. 3–16
Jäger, Peter, Postgeschichte Schleswig-Holsteins, Kiel 1970
Klauke, Fritz, Das Postwesen in Bramstedt vor 1867, in: Heimatkundliches Jahrbuch für den Kreis Segeberg, 14 (1968), S. 64–84
Koch, Alfred, Die deutschen Postverwaltungen im Zeitalter Napoleons I., in Archiv f. Deutsche Postgeschichte, Jahrg. 1967, Heft 2, S. 1–38
Lauxmann, Frieder, Die Post, Heidelberg 1987
Lauxmann, Frieder, Das Postwesen von A–Z, Heidelberg 1985

Lorenz, Briefmarken – Mein Hobby, S. 34 und Tafel IV, Stuttgart 1956
Lotz, Wolfgang, Hrsg., Deutsche Postgeschichte, Berlin 1989
Louis, K.-A., Markenland Schleswig-Holstein, in: Deutsche Zeitung f. Briefmarkenkunde, Jahrg. 1988, Heft 1, S. 6–10
Münzberg, Werner, Ältere Postgeschichte der deutschen Regionen bis etwa 1870, in: Archiv für deutsche Postgeschichte, Jahrg. 1974, Heft 2, S. 34–49
Nielsen, Arne Morell, Aus der Post- und Fernmeldegeschichte Dänemarks, in: Archiv f. Deutsche Postgeschichte, Jahrg. 1981, Heft 2, S. 54–80
North, Gottfried, Von der Taxis-Post zur Post des Deutschen Reichs – von der Zersplitterung zur postalischen Einheit, in: Archiv für deutsche Postgeschichte, Sonderheft 1984, S. 14–35
Petersen, Johannes, Personenbeförderung durch die Post in Schleswig-Holstein vor dem Bau der Eisenbahnen, in: Post- und Fernmeldegeschichte zwischen Nord- und Ostsee, 20 (1980), Heft 1, S. 151–155
Petersen, Johannes, Die Entwicklung des Postwesens in Eutin, in Postgeschichte zwischen Nord- und Ostsee, 31. Jahrg., Heft 1991, S. 30–63
Petersen, Johannes, 500 Jahre Post in Deutschland – 125 Jahre deutsche Post in Schleswig-Holstein, in: Postgeschichte zwischen Nord- und Ostsee, 30. Jahrg., Heft 1990, S. 2–28
Pörksen, Emil, Das Post- und Verkehrswesen Schleswig-Holsteins in seiner Entwicklung, in: Die Heimat, 11 (1901), S. 150–156
Sager, Wilhelm, Die Entwicklung des Postwesens in Schleswig-Holstein von den Anfängen bis zum Ausgang des 19. Jahrhunderts, in: Die Heimat, 96 (1989), S. 178–189
Sager, Wilhelm, Die ersten Briefmarken in Schleswig-Holstein, in: Schleswig-Holstein, Jahrg. 1999, Heft 5, S. 12–14
Sager, Wilhelm, Die Post in Schleswig-Holstein nach 1945, in: Schleswig-Holstein, Jahrg. 2001, Heft 5, S. 13–16
Scharff, Alexander, Von der schleswig-holsteinischen zur deutschen Post, in: Archiv für deutsche Postgeschichte, Jahrg. 1969, Heft 2, S. 1–9
Sautter, Karl, Geschichte der Deutschen Post, Teil 2, Geschichte der Norddeutschen Bundespost, 1868–1871, Berlin 1933
Sautter, Karl, Geschichte der Deutschen Post, Teil 3, Geschichte der Deutschen Reichspost 1871–1945, Frankf./M, 1951
Steinmetz/Elias, Geschichte der Deutschen Post, Teil 4, 1945–1978, Bonn 1978
Stephan/Sautter, Geschichte der Deutschen Post, Teil 1, Geschichte der Preußischen Post, Berlin 1928
Storm, F., Die Schleswig-Holsteinische Post 1848–1852, in: Die Heimat, 35 (1925), S. 146–151
Töwe, Jens, Die Wiederaufnahme der Post- und Fernmeldedienste im Bezirk der Oberpostdirektion Kiel im Jahre 1945, in: Blätter zur Geschichte des Post- und Fernmeldewesens zwischen Nord- und Ostsee, Jahrg. 1974, Heft 1, S. 107–126
Überschär, Die deutsche Reichspost im Zweiten Weltkrieg, in: Lotz, Deutsche Postgeschichte, S. 289–320, Berlin 1989
Verfassung des Deutschen Reichs vom 11. August 1919, Berlin 1919
Vogt, Martin, Das Staatsunternehmen „Deutsche Reichspost" in den Jahren der Weimarer Republik, in: Lotz, Deutsche Postgeschichte, S. 241–287, Berlin 1989

Carl Maria von Weber
Geb. 1786 in Eutin
Ausg.: 20. 6. 1986
Mi.Nr.: 1284

Theodor Storm
(1817, Husum –1888, Hademarschen)
Ausg.. 05.05.1988
Mi.Nr.: 1371

MiNr.: 1241

Schöpfwindmühle
aus der Marsch
Ausg.: 9. 10. 1997
Mi.Nr.: 1951

Holstentor
Ausg.: 28. 8. 1998
Mi.Nr.. 1938

Dom zu Schleswig
Ausg.: 12. 1. 1989
Mi.Nr.: 1399/1375

Dietrich Buxtehude
geb. in Oldesloe?
ab 1688 Organist
in Lübeck
350. Geburtstag
Ausg.: 5. 5. 1987
Mi.Nr.: 1323

Lübeck Weltkulturerbe
Ausg.: 12. 1. 1990
MiNr.: 1447

750 Jahre Kiel
Ausg.: 12. 3. 1992
Mi.Nr.: 1598

Helgoland
Ausg.: 21. 6. 19 91
Mi.Nr.: 1469

„Das Publikum"
von Andreas Paul Weber,
gest. 10. 11. 1980 in Ratzeburg
Ausg.: 11. 3. 1993
Mi.Nr.: 1658